Gesang · Eine Verteidigung des Utilitarismus

Bernward Gesang

Eine Verteidigung des Utilitarismus

Philipp Reclam jun. Stuttgart

In Memoriam: G. F. H.

Universal-Bibliothek Nr. 18276
Alle Rechte vorbehalten
© 2003 Philipp Reclam jun. GmbH & Co., Stuttgart
Gesamtherstellung: Reclam, Ditzingen. Printed in Germany 2003
RECLAM und UNIVERSAL-BIBLIOTHEK sind eingetragene Marken
der Philipp Reclam jun. GmbH & Co., Stuttgart
ISBN 3-15-018276-X

www.reclam.de

Inhalt

Kapitel 3
Überforderung –
Muss der Utilitarist wie ein Heiliger leben?

Einleitung

Verdient der Utilitarismus die rote Karte?

Der Utilitarismus hat hierzulande einen schlechten Ruf, nicht zuletzt bei vielen Medizinern oder Juristen. Die Angst vor dem Utilitarismus wächst, seitdem in den letzten beiden Jahrzehnten verstärkt bioethische Probleme auf der Tagesordnung stehen, bei deren Lösung Ethiker Einfluss haben. Theoretische Ethik ist kein bloßes Glasperlenspiel mehr, sondern kann in manchen Aspekten umgesetzt werden, und selbst ein bloßer Hauch von Macht schafft Ängste. Manche Diskussionen laufen inzwischen nach folgendem Muster ab: Alle Ethiken, die von der Wahrung subjektiver Interessen als moralischer Wertbasis ausgehen, werden als »Utilitarismus« gebrandmarkt, um sie aus dem Diskurs zu werfen. In manchen Kreisen disqualifiziert sich ein Ethiker inzwischen selbst, wenn er auch nur Sympathien für den Utilitarismus bekundet. Utilitaristen erhalten in Deutschland häufig schon *vor aller Diskussion* die »rote Karte«, eine Tendenz, die übrigens im angelsächsischen Raum nicht besteht und auch nicht verstanden wird.

Was wird dem Utilitarismus vorgeworfen?

Vielen gilt der Utilitarismus als Inbegriff einer Ethik, die mit mathematischer Kälte Fragen von Leben und Tod zu einem abstrakten und inadäquaten Rechenexempel verwandelt. Der Utilitarismus wird als inhumane und am allgemeinen ökonomischen Effizienzdenken orientierte Ethik betrachtet, die den menschenverachtenden Umgang mit Individuen in unserer hoch technisierten Leistungsgesellschaft legitimiert. Dabei wird auch häufig eine Nähe zu Wirtschaftsinteressen, z.B. in der biologischen Forschung,

suggeriert. Weiterhin wird immer wieder auf einen standardisierten Kanon von Einwänden verwiesen, der seit
Jahrzehnten nur noch heruntergebetet wird: Der Utilitarismus führt dazu, *Menschenrechte des Individuums zugunsten des Kollektivs zu verletzen,* und ist eine Doktrin,
bei welcher der Zweck die Mittel bedingungslos heiligt.
Utilitaristen kennen den Wert der *unverletzlichen Menschenwürde* nicht, da sie nur Glücksbilanzen mit intrinsischem moralischen Wert ausstatten. Der Utilitarismus
bricht daher mit unseren elementarsten *Alltagsintuitionen*
– so wird argumentiert.

Zudem führt der Utilitarismus nach Meinung seiner
Kritiker zu maßlosen *Überforderungen* derer, die ihn
ernsthaft befolgen wollen: Er fordert rund um die Uhr
und völlig unparteiisch den Nutzen bzw. das Glück in
der Welt zu vergrößern, frei nach seinem Leitmotto, dass
das größte Glück der größten Zahl das allein ethisch anstrebenswerte Ziel sei. Das führt dazu, jede private Luxusinvestition mit dem möglichen Nutzen dieses Geldes
für Kinder in Somalia zu vergleichen, eine grenzenlose
Überforderung. Jedes Weihnachtsgeschenk für die eigenen, gut versorgten Kinder wird so rechtfertigungsbedürftig. Jegliche Sonderstellung derer, die uns »near and
dear« sind, scheint verboten zu werden. Auf solchen
Sonderstellungen basiert aber fast unsere gesamte Lebenspraxis.

Spätestens die Debatte um die Forderungen des australischen Utilitaristen *Peter Singer* hat den Utilitarismus in
Deutschland endgültig ins Abseits manövriert. Singer hat
nicht nur aktive Euthanasie gefordert und Abtreibungen
legitimiert, sondern er hält sogar *Kindstötungen* lebensfähiger behinderter Neugeborener – bei demgemäßen Interesse ihrer Eltern – für ethisch zulässig.[1] »Was brauchen
wir noch Zeugen?«, lässt schon Matthäus den Hohen-

1 Singer (1984) S. 168–173.

priester Kaiphas sagen. Und in der Tat, die Vorwürfe gegen den Utilitarismus sind gewichtig, und es ist eine große Aufgabe, sie zu entkräften.

Woher kommt der Utilitarismus?

Dabei waren die Ursprünge des Utilitarismus vielversprechend. Der Utilitarismus ist eine sozialreformerische Bewegung aus dem Großbritannien des 18. und 19. Jahrhunderts, die mit humanistischem Pathos angetreten war und sich als eine der ersten Bewegungen *für das Wohl der Gesamtgesellschaft* interessierte und praktische Politik betrieb. Einer ausbeuterischen und korrupten Bürokratie sollte ein humanistischer Gegenentwurf vorgehalten werden. Die geschundenen Arbeiter und ihr Glück zählten genauso wie das der aristokratischen und bürgerlichen Elite: »Jeder zählt als einer, keiner mehr als einer«, so J. Benthams Slogan, der in die Französische Revolution hinüberhallte. Moralisch sei es, soviel Glück wie möglich zu schaffen und nicht nur eine reiche Elite noch reicher zu machen, so Bentham und vor ihm schon D. Hume und andere englische Moralphilosophen. Zwar wurde dieser Impuls in der politischen Praxis der utilitaristischen »philosophical radicals« so ausgelegt, dass er sich mit vielen Interessen der utilitaristisch gesinnten Mittelklasse deckte, und er wurde auch an einigen Punkten von diesem Eigeninteresse manipuliert. Aber der Utilitarismus vollzog ein radikales Umdenken gegenüber den damals bekannten politischen Kräften, das sich immer auch um die Legitimation durch das Gesamtinteresse bemühte. Der Utilitarismus war keine lobbyistische und chauvinistische Ethik der Partikularinteressen, sondern einer der ersten Anläufe, das Allgemeinwohl zu thematisieren, und das lange vor Karl Marx. Die Utilitaristen traten überzeugend auf, beschrifteten nicht nur Papier, sondern wurden als so genannte

»philosophical radicals« politisch aktiv. Zwar hatten die Utilitaristen eine paternalistische Theorie vom Glück der Massen, das dann erreicht sein sollte, wenn die proletarischen Massen in mittelständische Bürger umgewandelt worden waren. Aber hierin unterschieden sich die Utilitaristen nicht von neoliberalen Wirtschaftstheoretikern.[2]

Sind die Einwände gegen den Utilitarismus berechtigt?

Wieso wird der Utilitarismus heute ganz anders bewertet? Während damals die Humanisten, die Aufklärer und die Liberalen auf der Seite des Utilitarismus standen, wird dieser heute oft als Rechtfertigungsinstrument einer gewinnorientierten und blindlings fortschrittsbegeisterten, inhumanen Weltordnung gesehen, die den politischen Liberalismus massiv gefährdet. Hat der Utilitarismus die Seiten gewechselt und sich von den Arbeitern und Mittelständlern zu den Großkapitalisten geschlagen?

Hier liegen sicher viele Missverständnisse vor. So hängen manche immer noch der absurden Vorstellung an, der Utilitarismus sei eine Ethik, die sich am »Nutzen« – verstanden als egoistische Interessenmaximierung des Einzelnen – orientiere, weshalb er die Ellenbogenethik der kapitalistischen Eliten sei. Das ist natürlich Unfug. Der Nutzen, um den es im Utilitarismus geht, ist der »größte Nutzen der größten Zahl«. Dieser und nicht der egoistisch verstandene Nutzen von Einzelpersonen oder Interessengruppen ist das Ziel. Es geht also darum, so viele Lebewesen wie möglich so glücklich wie möglich zu machen. Daher führt der Utilitarismus eher zu ganz entgegengesetzten Problemen der Art, ob er nicht de facto einen völligen Altruismus und eine permanente Selbstaufopferung der Akteure postulieren muss (Stichwort: Überforde-

2 Zu den politischen Ideen und Taten der frühen Utilitaristen: Pollard (1992).

rungsprobleme). Es ist nicht wahr, dass der Utilitarismus
die Seiten im Kampf um eine bessere Welt gewechselt hat.
Gerade P. Singers umstrittenes Buch *Praktische Ethik* enthält ein Kapitel zum Thema »Armut und Reichtum«, das
an Radikalität der Forderungen nichts zu wünschen übrig
lässt, ja die historischen Väter des Utilitarismus bei weitem übertrifft. So schreibt Singer etwa:

> Wenn diese Fakten [über Not und Hunger in der Welt,
> B. G.], stimmen, lässt sich die Schlussfolgerung nicht
> umgehen, dass die Menschen in den reichen Ländern,
> indem sie nicht mehr geben, als wir zur Zeit tun, zulas-
> sen, dass die Bewohner der armen Länder absolute Ar-
> mut leiden. [...] Diese Schlussfolgerung lässt sich nicht
> nur auf Regierungen anwenden, sondern auf jedes In-
> dividuum, das absolut gesehen reich ist; denn jeder von
> uns hat die Gelegenheit, die Situation zu verbessern, in-
> dem wir unsere Zeit und unser Geld zum Beispiel frei-
> willigen Hilfsorganisationen zur Verfügung stellen.
> Falls grundsätzlich kein Unterschied zwischen Sterben-
> lassen und Töten besteht [was Singer verteidigt, B. G.],
> scheint es fast, dass wir alle Mörder sind.[3]

Auch hier gibt es viel eher das Problem, utilitaristische
Forderungen an den Akteur nicht immens groß werden
zu lassen, als sich über eine soziale Kälte des Utilitarismus zu beklagen. Keine Ethik packt die Probleme der
globalen Ungerechtigkeit und der Bereicherung gegen-
wärtiger an zukünftigen Generationen so radikal an wie
der Utilitarismus.[4] Er bietet sich daher z. B. exzellent als
ökologische Ethik an, die ja den Verbrauch der Lebensgrundlagen der Zukunft durch gegenwärtige Generationen thematisiert.

---

3 Singer (1984) S. 220.
4 Vgl. hier exemplarisch neben Singers Buch: Birnbacher (1988).

Allerdings basieren die Kritiken am Utilitarismus bei weitem nicht alle auf Missverständnissen. Der Utilitarismus hat an den schon erwähnten Punkten tatsächlich Schwierigkeiten. Jedoch muss viel ernsthafter geprüft werden, ob diese Probleme unlösbar sind. Und es muss klar gesagt werden, dass auch andere Ethiken viele Fragen offen lassen. Wenn der Utilitarismus die Fragen von Armut, Ungerechtigkeit und Rechten zukünftiger Generationen vielleicht sogar zu radikal für den Geschmack vieler angeht, dann kann man kontern, dass viele andere Ethiken diese Probleme bei weitem nicht radikal genug thematisieren. Sie bauen z.B. riesige Klüfte zwischen unserem Tun und Unterlassen auf,[5] die es uns ermöglichen, uns bei vielen Konflikten in der Welt zurückzulehnen und bedauernd festzustellen: »It's not my job.« Auf diese Weise werden unsere globalen Zukunftsprobleme sicher nicht gelöst. In einem Zeitalter, in dem diese Probleme unser aller Wohlergehen und die Existenz zukünftiger Generationen massiv bedrohen, ist aber eine Ethik gefordert, die diese Probleme entschlossen angeht[6].

Ziel und Aufbau des Buches

Aufgrund der eingestandenen Probleme des Utilitarismus ist es nicht unberechtigt, seinen bisherigen Spielarten einen *inhumanen* Zug anzulasten. In diesem Buch möchte ich daher den Versuch machen, wenigstens einige der angesprochenen Standardprobleme des Utilitarismus aufzulösen. Das Ziel ist eine neue, intuitiv eingängige Version des Utilitarismus, die ich *humanen Utilitarismus* nenne. Zudem soll eine Einführung in die utilitaristische Ethik insgesamt

---

5 Vgl. Birnbacher (1995).
6 Zu meiner Beurteilung der politisch-ökologischen Weltsituation: Gesang (2000b).

gegeben werden. Dabei würde es mir schon etwas bedeuten, die seit Jahrzehnten festgefahrenen Frontlinien zwischen den Lagern der verschiedenen Ethiker aufzubrechen. Es kann nicht angehen, dass in der Debatte um den Utilitarismus seit den siebziger Jahren lediglich einige Standardeinwände wie rote Karten beim Fußball gezückt werden. Die Gegner des Utilitarismus behaupten dann, der Utilitarismus sei geschlagen und müsse das argumentative Spielfeld verlassen, und die Utilitaristen verneinen dies und spielen – von den übrigen Spielern ignoriert oder beschimpft – weiter.

Zum Aufbau des Buches: Im ersten Kapitel versuche ich, die Grundbegriffe des Utilitarismus vorzustellen und gleichzeitig eine allgemeine Einführung in den Utilitarismus zu leisten. Insbesondere das Ziel des Utilitarismus, die Maximierung von Glück, wird hinterfragt. *Was ist Glück?* Besteht es in einer bestimmten positiven Bilanz von Befriedigungsgefühlen? Falls ja, wünschen dann alle Menschen ausschließlich, glücklich zu sein? Die beiden letzten Fragen werden von den beiden Stammvätern des Utilitarismus (Bentham und Mill) bejaht. Aber ihre bejahende Antwort wird zunehmend angezweifelt: Haben Menschen nicht auch andere Zwecke als ihre bloße Befriedigung, z. B. einfach den, dass ihnen ihre wohlerwogenen Wünsche erfüllt werden? Betreibt der Künstler z. B. seine Kunst, um ein Befriedigungsgefühl zu erhalten, oder wünscht er es einfach als Selbstzweck, gute Kunst zu machen? Angenommen, Letzteres sei wahr: Greift eine Ethik, die nur Befriedigung maximieren will, dann automatisch zu kurz, weil sie andere Zwecke übersieht?

Im zweiten Kapitel kommen wir zur ersten Gruppe zentraler Einwände gegen den Utilitarismus. Muss dieser notwendig unsere Alltagsintuitionen brüskieren? Opfert er notwendig Individualrechte dem Allgemeinwohl? Kann er Gerechtigkeit garantieren, obwohl er nur einen Wert an sich, nämlich die Nutzenmaximierung, kennt? Diesen Einwänden will ich begegnen, indem ich auf ein oft verschmähtes

Instrument zurückgreife: die Einbeziehung *externer Präferenzen* in Interessenabwägungen. Externe Präferenzen sind Präferenzen, deren Inhalt die Existenz oder Nichtexistenz oder die Befriedigung oder Frustration der Präferenzen anderer Leute enthält.[7] Externe Präferenzen sind z. B. die Präferenzen, die Abtreibungsgegner gegen die Abtreibung oder anders formuliert für die Befriedigung vermeintlicher Interessen von Embryonen haben. Ebenso mündet das Gefühl der »Perversität«, das z. B. viele angesichts von Humanklonierungen empfinden, in eine externe Präferenz gegen Klonierungen. Bedenkt man diese Interessen mit, so stellt sich Abtreibung nicht nur als Konflikt eines vielleicht völlig interesselosen Embryos mit den häufig massiven Interessen der Mutter dar, sondern man muss weiter ausholen und auch »Außenstehende« beachten, die vielleicht ein Leben lang engagiert gegen Abtreibungen kämpfen und denen die Verhinderung von Abtreibungen dementsprechend viel bedeutet. Der Utilitarismus trägt zwar das Bekenntnis auf den Lippen, dass *alle* Interessen, die bei Interessenkonflikten berührt werden, gemäß ihrer Stärke zählen aber er macht bislang nicht ernst damit. Gerade P. Singer übersieht hier m. E. Entscheidendes. Betrachtet man die Interessen von traditionell als »außenstehend« Beurteilten im Utilitarismus immer mit, erfolgt automatisch eine Annäherung utilitaristischen Urteilens an die moralischen *Intuitionen* der Mehrheit, was die Radikalität utilitaristischer Forderungen mindert. Hinter der *Intuition*, dass Abtreibungsbeschränkungen richtig sind, steht ja auch im Regelfall die *Präferenz*, Abtreibungsbeschränkungen durchgesetzt sehen zu wollen, beide Bereiche sind verbunden. Schafft der Einsatz des vorgeschlagenen Instruments aber nicht mehr Probleme, als er löst? Diesen Fragen geht das zweite Kapitel nach.

Im dritten Kapitel stehen die Überforderungseinwände gegen den Utilitarismus auf dem Programm. Fordert diese

---

7 Fehige/Wessels (1998) S. XXVI.

Ethik nicht ständig Unerfüllbares von uns? Der Utilitarismus tritt meist mit der Forderung völliger Unparteilichkeit auf, die jede Sonderbehandlung derer, die uns »near and dear« sind, fragwürdig macht. Eine Welt ohne eine Sonderstellung von Verwandten und Bekannten ist aber das genaue Gegenteil unserer Praxis und unserer Common-Sense-Moral. Im dritten Kapitel versuche ich zu definieren, was ein humaner Utilitarist als seine Pflicht betrachten muss und wo diese Pflicht endet. Genau dies wird nämlich von den Vertretern der Überforderungseinwände bezweifelt: dass utilitaristische Pflichten irgendwo enden. Bei meiner Argumentation greife ich auf aristotelische Theorien zurück, welche die Möglichkeit *objektiver, invarianter Glücksbedingungen* verteidigen, wobei insbesondere die populäre Theorie von M. Nussbaum eine Rolle spielt. Insofern wird hier auch die Frage nach dem Glück weiter vertieft.

Die einzelnen Kapitel greifen auf von mir bereits publizierte Aufsätze oder Buchkapitel zurück. Allerdings werden alle Textgrundlagen gründlich überarbeitet und hoffentlich durch ihren systematischen Verbund und durch die weitere Ausarbeitung von Details deutlich verbessert. Das erste Kapitel geht von einer Überarbeitung meines Aufsatzes »Der Nutzenbegriff des Utilitarismus«, in: *Erkenntnis* 52 (2000) S. 373–401, aus. Das zweite Kapitel basiert auf dem Aufsatz »Konsequenter Utilitarismus – Ein neues Paradigma der analytischen Bioethik?«, in: *Zeitschrift für philosophische Forschung* 55/I (2001) S. 24–51. Im dritten Kapitel kommen Überlegungen aus dem vierten Kapitel meines Buches *Kritik des Partikularismus* (»Über partikularistische Einwände gegen den Universalismus und den Generalismus in der Ethik«), Paderborn 2000, zur Geltung.

Ich bin vielen Freunden und Kollegen für fruchtbare Diskussionen zu Dank verpflichtet. Hervorheben möchte ich C. Fehige, O. Hallich und J. Schroth, die das Manuskript korrigiert haben.

Kapitel 1

Was ist Glück?

1. Die drei Pfeiler des Utilitarismus

Jeder Utilitarismus geht von folgenden drei Prinzipien aus, die Ausdruck basaler ethischer Intuitionen sind:

(1) *Universelle Glücksmaximierung*: Es ist ein *an sich wertvolles Gut*, dass Lebewesen möglichst viel Lust, Freude, Befriedigung oder Glück empfinden bzw. dass ihre Präferenzen so weitgehend wie möglich erfüllt werden, solange dies nicht zu viel Schaden verursacht. Dieses intrinsische Gut, nennen wir es vorerst undifferenziert Glück, möchte der Utilitarist *maximieren*, d. h. er möchte, dass so viele Individuen wie möglich so glücklich wie möglich werden. Damit setzt der Utilitarismus dem Egoismus, der Glück nur für die je eigene Person maximieren will, einen universellen Wert entgegen. Angestrebt wird der größtmögliche Nutzen der größtmöglichen Zahl von Lebewesen.[1]

Dieser Gedanke ist intuitiv einleuchtend und sehr einfach. Man will, dass es allen Lebewesen gut geht und zwar so gut wie möglich – prima facie ist mehr Glück besser als weniger Glück. Dass Glück für jeden Einzelnen etwas Gutes und daher Angestrebtes ist, kann man unschwer aus der Selbsterfahrung und aus der Beobachtung anderer ableiten. Nun kann man ausgehend von dieser Beobachtung einen Weg der Vernunft und einen Weg des Gefühls zur Begründung des ersten Prinzips unterscheiden. Der rationalistische Weg geht von der positiven Bewertung des Glücks bei jedem Einzelnen aus und konstatiert, dass es Universalisierungszwänge gibt, die es verbieten, Glück nur für die eigene Person anzustreben. Die Tatsache, dass ich gerade die Person namens P bin, ist bei moralischen und

---

1 Zu Problemen dieses »Slogans« vgl. Köhler (1979) S. 72 ff.

anderen Begründungen irrelevant. Das impliziert einen
Zwang zur Universalisierung, verstanden als das Absehen
von der numerischen Identität der Akteure, d.h. von der
Eigenschaft, gerade die Person P und nicht die Person F zu
sein.[2] Ich kann nicht begründen, dass nur ich bestimmte
Güter erhalte, weil ich eben ich bin. Das allein ist kein rationaler Grund. Deshalb haben alle Beteiligten prinzipiell
den gleichen Anspruch bei der Verteilung von Glück, die
bloße numerische Identität macht jedenfalls keinen rationalen Unterschied. Der gefühlsbasierte Weg beruft sich
einfach auf ein *universelles Mitleidsgefühl*, das einen Kern-
gedanken jeder Ethik erfasst und das (fast) jeder Mensch
besitzt.[3] Das schlichte Kondensat dieses Gefühls besagt:
Die Welt soll endlich gut werden, das Unglück soll aus
ihr verschwinden. Jedes leidende Lebewesen verdient unser
Mitleid und unsere Hilfe, und jedes glückliche Wesen kann
uns froh machen. Natürlich kann man den Weg der Vernunft und den des Gefühls zum Ziel einer Begründung der
universellen Glücksmaximierung kombinieren.

An unsere moralischen Gefühle appelliert z.B. B. Russell: Die Welt ist nach Russell wie ein großes kaltes Meer,
auf dem wir Menschen wie in einer kleinen, vom Kentern
bedrohten Nussschale segeln. Wir sollten alle zusammen-
rücken und uns wenigstens bei dieser Teufelsfahrt alle
mögliche Wärme und Liebe schenken:

> Mit seinen Mitmenschen durch das stärkste aller Ban-
> de, das des gemeinsamen Untergangs, vereint, ist der
> freie Mensch im Besitz einer neuen, stets gegenwärti-
> gen Vision [...]. Das menschliche Leben ist ein langer
> Marsch durch die Nacht, inmitten unsichtbarer Fein-
> de, unter den Qualen von Müdigkeit und Schmerz.

2 Zur Debatte um Universalisierungsargumente und zur Begründung meiner
   These, dass hier wesentliche Gründe für den Utilitarismus gewonnen werden können, vgl. Gesang (2000a) S. 52–112.
3 Hume (1955, 1929), besonders die Abschnitte V. und IX.

Nur wenige können hoffen, das Ziel zu erreichen, und keinem ist es vergönnt, lange dort zu verweilen. Ganz kurz ist die Zeit, in der wir ihnen helfen können, in der die Entscheidung über ihr Glück oder Unglück fällt. Möge es uns vergönnt sein, ihren Pfad zu erhellen, ihre Leiden durch den Trost unseres Mitleids zu lindern, ihnen die reine Freude der unermüdlichen Liebe zu schenken. Wägen wir nicht ihre Verdienste und Fehler, sondern denken wir nur an ihre Bedürfnisse. Und wenn ihr Tag zu Ende ist, wenn das Gute wie das Böse an ihnen in der Unsterblichkeit der Vergangenheit verewigt sind, dann möge uns das Gefühl geschenkt sein, dass dort, wo sie litten und wo sie versagten, wir nicht die Ursache waren, doch dass dort, wo sich ein Funke göttlichen Feuers in ihren Herzen entzündete, wir ermutigend, mitfühlend und unerschrocken an ihrer Seite standen.[4]

(2) *Wertmonismus*: Der Utilitarismus basiert auf der weiteren Intuition, dass es *ein und nur ein* intrinsisches Gut gibt und dass man daher alle moralisch relevanten Güter in die eine »Währung« Glück umrechnen kann. Glück wird als die Quelle verstanden, aus der alle anderen moralischen Werte entspringen. Gerechtigkeit hat z. B. nur dann einen Wert, wenn sie etwas zur Glücksvermehrung beiträgt. Hingegen findet sich in unserem Alltag oft eine *wertpluralistische* Grundeinstellung, der folgend es verschiedene gleichberechtigte Werte, etwa Glück, Gerechtigkeit, Freiheit, Würde usw. gibt. Der monistische Ansatz ist manchmal schwer zu verstehen, wenngleich auf der Hand liegt, dass er die Ethik enorm vereinfacht, ja ein Stück weit operationalisierbar macht.

Man kann die monistische Position wie folgt plausibilisieren: Nehmen wir das Beispiel der Gerechtigkeit. Ist

---

4 Russell (1984) S. 145.

diese wertvoll, wenn sich durch ihre Realisierung niemandes Wünsche erfüllen, wenn sie niemandes Befriedigungsniveau erhöht, wenn sie sich in der Gefühlsbilanz von niemandem positiv bemerkbar macht? Gibt es auch Werte, die niemand positiv empfindet? Wäre es nicht völlig gleichgültig, ob eine solche Gerechtigkeit, die keinen glücklich macht, existieren würde, da sich niemand in einer Welt mit ihr besser fühlt? Würden wir den, der diese Gerechtigkeit durchsetzen will, nicht der fanatischen Prinzipienreiterei verdächtigen? Wäre er nicht jemand, der die Menschen zugunsten eines abstrakten Ideals aus den Augen verliert? Wäre nicht gerade dies eine inhumane Ethik?

Nehmen wir das Beispiel Sadomasochiens. Das ist eine Welt, die aus Sadisten und Masochisten besteht. Die einen quälen gerne Menschen, die anderen werden gerne gequält. Beide Gruppen sind maximal befriedigt in ihrer Welt, die Glückssumme ist groß. Ein Glücksfall einer Koevolution. Nun kommt unser irdischer Alltagsethiker und moniert, dass diese Welt zutiefst ungerecht sei, dass die Sadisten die Masochisten ausbeuteten und dass die Menschenwürde letztlich beider Gruppen nicht gewahrt bleibe, selbst wenn die Masochisten den Sadisten ihre Misshandlung erlauben. Dann ändert er diese Welt, die danach gerechter und menschenwürdiger ist, aber die unglücklichen Sadisten und Masochisten träumen von der schönen Vergangenheit. Zeigt dies nicht, dass Gerechtigkeit und Menschenwürde nur abgeleitete Werte zweiter Ordnung sind, die nur normativen Gehalt haben, wenn sie sich in Interessenbefriedigung widerspiegeln?

Vielen ist der Wertmonismus höchst fragwürdig. Dennoch hat er in der Philosophie eine weitreichende Tradition. Die gesamte antike Philosophie wird von dieser Lehre bestimmt, wenn wir uns auf Werte für das menschliche Handeln beziehen. Dieses Handeln wird für Platon und Aristoteles sowie für viele Sophisten faktisch von unserem

Glücksstreben geleitet. P. Stemmer resümiert das als die in der griechischen Philosophie insgesamt vertretene These, »dass es jedermanns letztes, alle anderen Ziele umfassendes Ziel ist, glücklich zu sein. Aus diesem Grunde ist es vernünftig, Handlungen zu wählen, die letzten Endes glückszuträglich sind.«[5] Die Glückseligkeit ist in der Antike tatsächlich der einzige Wert, an dem sich das Handeln ausrichtet und ausrichten soll. Platon betont ebenso wie Aristoteles, dass wir alles, was wir tun, um eines Guten willen tun.[6] Dieses Gute ist letztlich unsere Glückseligkeit, die das einzig intrinsisch wertvolle Handlungsziel darstellt. Platon war auch Konsequentialist,[7] ihm fehlte also nur das universalistische Element, um nach unserer Drei-Prinzipien-Theorie ein Utilitarist zu sein.[8] Gerade oft als kontraintuitiv zurückgewiesene Überlegungen, die z. B. den Wert der Gerechtigkeit auf den des Nutzens, also der Glücksvermehrung zurückführen wollen,[9] haben antike Vorläufer, ja die Frage, ob Gerechtigkeit glücklich macht, ist gerade eine Leitfrage von Platons *Politeia*.[10]

(3) *Konsequentialismus*: Das dritte Basisprinzip des Utilitarismus ergibt sich nahezu aus den beiden vorigen. Alle moralischen Fragen sind nach ihren Konsequenzen in Hinsicht auf die Maximierung des an sich wertvollen Gutes Glück zu bewerten und zu entscheiden. Wenn es nur ein an sich wertvolles, also intrinsisches Gut gibt, dann müssen alle weiteren Güter extrinsisch sein, also von ihren Konsequenzen bezogen auf die Vermehrung des einzig intrinsischen Gutes abgeleitet werden.

5 Stemmer (1988) S. 537.
6 Symposion 205a; NE 1094a.
7 Stemmer (1988).
8 Ebenso urteilt: Quinton (1973) S. 11.
9 Vgl. Hume (1955,1929), Abschnitt III.
10 Allerdings unterscheiden sich die Positionen auch in einigen Punkten. Z. B. nehmen Utilitaristen eine rein instrumentelle Relation Gerechtigkeit–Glück an, während in der Antike die Tugenden ein konstitutiver Teil des Glücks sind. Vgl. Stemmer (1988) S. 568.

Eine andere häufig im Zusammenhang mit dem Utilitarismus propagierte These, dass man Glück genau berechnen und daher den Utilitarismus in einem exakten *Nutzenkalkül* aufgehen lassen könne, halte ich nicht nur für nicht zentral, sondern für problematisch. Gegner des Utilitarismus meinen, Glück sei nicht exakt messbar, und man sei beim Versuch der Quantifizierung darauf angewiesen, völlig heterogene Dinge zu vergleichen, was undurchführbar sei. Meine These ist: Auch wenn man oft nur intuitiv und auf Schätzungen basierend statt mathematisch exakt über Glück und seine Vermehrung reden kann, kann man am Utilitarismus festhalten. Man kann auch weiterhin die Intuition haben, dass Glück und nur Glück zählt und dass man alles andere an den Konsequenzen für das Glück orientieren muss. Wir schätzen ja täglich solche Konsequenzen ein, ohne Kalküle zu erstellen oder zu meinen, man könnte sie prinzipiell erstellen. Das Nutzenkalkül ist eine heuristische Fiktion, nicht mehr. Natürlich wäre es eine feine Sache, wenn man den Nutzen für verschiedene Handlungsalternativen einfach ausrechnen könnte. Aber: In der Regel fehlen uns dazu die Informationen, zumal sich mentale Zustände wie Befriedigungsgefühle nicht exakt quantifizieren lassen. Das heißt aber nicht, dass man z. B. Befriedigungsgefühle nicht vermehren und den Forderungen des Utilitarismus somit nicht nachkommen kann. Man muss die Idee einer Nutzenquantifizierung aufgrund von aktuellen und prinzipiellen Messproblemen nicht völlig fallen lassen, aber man muss die Grenzen des Nutzenkalküls erkennen.

Die im Bereich der Messprobleme anfallenden Probleme haben z. B. Y. K. Ng und R. Trapp ausführlich thematisiert und daraufhin das Modell einer »Semimessung« vorgeschlagen, in der auch subjektive Nutzenschätzungen einen Platz haben.[11] Hier wird das subjektive Einschät-

---

11 Ng (1979) S. 12 ff.; Trapp (1988) S. 303 f.

zungsmoment bei solchen Messungen nicht mehr hinter einem Schleier mathematischer Pseudoexaktheit verborgen, sondern eingestanden. Dabei zieht Trapp eine Parallele zum Sport: Wie die Kampfrichter beim Eiskunstlauf Noten für die erbrachten Leistungen quantitativ ausdrücken, geleitet sowohl durch einige objektive Leistungsstandards als durch subjektive Einschätzung, so sollen ethische Entscheider die Nutzenwerte für die von den Entscheidungen Betroffenen festsetzen.[12]

Im Alltag sind wir ständig gezwungen, Güter gegeneinander abzuwägen und auch ganz verschiedene Sorten von Gütern (Äpfel und Birnen) miteinander zu vergleichen. Die Erfahrung der Realisierung dieser Güter führt zu ganz unterschiedlichen Erlebnisqualitäten (»Qualia«), die aber eben doch dadurch vergleichbar werden, dass man sie auf ihren Beitrag für das eigene Wohlergehen befragt. Ist es für das Glück der Menschen zuträglicher, Alleen mit Alleebäumen bestehen zu lassen oder die Bäume zum Wohl der Autofahrer abzuholzen, da sie bei Unfällen zu Toten führen? Naturästhetik oder Leben, was wiegt mehr? Solche Fragen erfordern den Vergleich verschiedenster Güter, der aber trotzdem von uns im Alltag immer wieder geleistet wird. Niemand käme auf die Idee, hier jede Entscheidungsmöglichkeit zurückzuweisen, weil die zwei zu vergleichenden Güterarten inkompatibel sind. De facto können wir hier Vergleiche durchführen, und mehr braucht der Utilitarist nicht, auch wenn es manchmal aufgrund von Informationsdefiziten (wird meine heutige Berufswahl mich in fünf Jahren befriedigen?) bis zu Entscheidungsunfähigkeiten oder zu bloßem Dezisionismus kommen kann.

Als Utilitarist wird man bezogen auf das Beispiel wie folgt vorgehen: Da nur Glücksvermehrung zählt und da Bäume aufgrund ihres fehlenden Zentralnervensystems

---

12 Trapp (1988) S. 303 f.

kein Glück empfinden können, kann das Argument eines
Selbstzwecks der Naturerhaltung nicht greifen. Der Utilitarist muss die Interessen der Autofahrer gegen die Interessen derer, die sich an einer intakten Landschaft erfreuen, abwägen. Dazu kann er natürlich eine Umfrage
insbesondere bei den Menschen durchführen, die in der
Nähe einer bestimmten Allee wohnen. Dann muss die
Unfallhäufigkeit und die Rolle der Bäume für die Schwe-
re der Unfälle von Fachleuten angegeben bzw. abge-
schätzt werden. Der endgültigen Gewichtung dieser Faktoren wohnt ein subjektives Moment inne, aber sobald
auch nur einige Todesfälle auf die Bäume zurückzuführen
ren sind und verkehrsregulierende Maßnahmen usw.
nicht greifen, werden es die Bäume mit einem Utilitaristen schwer haben.

Ein ähnliches Szenario kann in einer anderen Kultur zu
anderen Ergebnissen führen, wenn die Bäume religiöse
Bedeutung haben und die Menschen eine Abholzung daher massiv ablehnen. Dazu kann man eine Bürgerbefra-
gung durchführen, in der die Menschen die Wichtigkeit
der Bäume für sie angeben. Aber in vielen Fällen wird
man diese Daten schon den Reaktionen der Bevölkerung
(Demonstrationen usw.) und dem Wissen um die religiöse
Bedeutung der Bäume und um die tiefe Verankerung der
Religion in dieser Kultur entnehmen können. Der Weg,
auf dem man zu Nutzeneinschätzungen gelangt, ist in der
Regel von sekundärer Relevanz, und auf Empathie wird
man nicht verzichten können.[13]

Sofern Nutzendaten (Befragungen der Betroffenen
usw.) vorliegen oder erhoben werden können, sollte ein
Utilitarist diese sicher nutzen und in seine Begründung
einbeziehen. Dabei kann man in manchen Fällen auch ob-
jektivierende Maßstäbe hinzuziehen, um einen Eindruck
von der Intensität von Präferenzen zu erhalten und einen

---

13 Harsanyi (1996, 1982) S. 50 f.

Ansatzpunkt für interpersonale Vergleiche zu gewinnen, etwa:

- objektive physische Merkmale messen: Nimmt der Speichelfluss von P zu, wenn man ihn mit der Möglichkeit konfrontiert, x zu erlangen, mag dies Aufschluss über die Intensität geben, mit der P x wünscht, und die physische Reaktion von P kann mit der von Q verglichen werden.
- Analyse sichtbaren Verhaltens (Freude, Enttäuschung);
- Entscheidungszeiten messen, die P braucht, um x zu wählen: ein Indiz für die Entschlossenheit von P;
- Geld oder andere Substitutionsgüter (z.B. Zeit) messen, die P einsetzen würde, um x zu erhalten.

Essentiell für die utilitaristische Begründung einer Entscheidung bleibt, dass diese Entscheidung auf eine erhoffte Nutzenmaximierung zurückführbar ist und durch Nutzengewinne begründet wird. Die Entscheidungen müssen von der besten Aussicht auf eine Maximierung geleitet sein (auch wenn man nur wenige Daten erhalten kann), das zeichnet eine Entscheidung als utilitaristische aus. Notfalls müssen also subjektive Intuitionen bei einer Entscheidung einspringen, aber eben nicht irgendwelche alltagsmoralischen Intuitionen, sondern Intuitionen darüber, auf welche Weise das Glück der Betroffenen sich vergrößern wird. Dazu kann man ja durchaus auf empirische Daten, aber auch auf allgemeine anthropologische Konstanten zurückgreifen. Man weiß z.B., dass die meisten Menschen glücklicher werden, wenn man ihr Einkommen erhöht, auch wenn Einzelne sich vielleicht mit dem zusätzlichen Geld ins Unglück stürzen. Man weiß, dass die meisten Menschen glücklicher werden, wenn man die Gesundheit in der Bevölkerung maximiert, auch wenn Einzelne aus psychischen Gründen ohne die Aufmerksamkeit, die sie sich mit Krankheit verschaffen können, zugrunde gehen. In den meisten Fällen brauchen wir gar keine komplexen und fragwürdigen Datenmengen, son-

dern haben ein hinreichendes Alltagswissen über Nutzen-
zuwächse.

Von den oben aufgelisteten drei Kernprinzipien des Utilitarismus ist sicherlich der Wertmonismus das umstrittens-
te. Dass Glück eine wichtige Größe ist und dass nur die
Konsequenzen für die jeweils akzeptierten intrinsischen
Güter zählen, bestreiten viele Ethiker nicht, wenngleich
auch der Konsequentialismus manchen Probleme bereitet.
Dass aber *nur* der Nutzen zählt, weil er das *einzige* intrinsische Gut ist, das glauben viele Ethiker nicht. Sowohl die
These, dass überhaupt nur ein Wert zählen soll, wie auch
die utilitaristische Beantwortung der Frage, welcher Wert
dies – wenn überhaupt – sein soll, sind hochgradig strittig.
Daher werde ich diese Probleme in diesem Buch unter
verschiedenen Aspekten ausführen, wenngleich ich nicht
alle möglichen Argumente abdecken und alle möglichen
Varianten diskutieren kann. Allerdings will ich wenigstens
eine partielle Begründung und Plausibilisierung des Wertmonismus erreichen. In den folgenden Abschnitten dieses
Kapitels will ich darlegen, wie der Wert beschaffen sein
soll, den ich als utilitaristisches *Summum Bonum* empfehlen will. Einige Einwände gegen eine derartige Wertkon-
zeption und gegen den monistischen Anspruch, mit dem
sie ausgestattet ist, werden an dieser Stelle gleichfalls thematisiert. Dabei gehe ich in diesem Kapitel insbesondere
von Argumentationen aus, die darauf basieren, was Individuen *faktisch* wünschen. Eine stärker normative Verteidigung des Monismus und des Utilitarismus überhaupt soll
in den daran anschließenden Kapiteln erstellt werden.

2. Der Glücksbegriff im klassischen Utilitarismus

Was versteht man unter »Nutzen« oder »Glück«, um deren Maximierung es im Utilitarismus geht? Zunächst ist
zu beachten, dass der Begriff »Glück« im Utilitarismus

auch ein Terminus technicus ist und keine exakte Paraphrasierung unseres alltagssprachlichen Glücksbegriffs. Am besten blendet man die alltagssprachlichen Bedeutungszuweisungen eine Weile aus und lässt sich auf die spezifische Bedeutung des Glücksbegriffs im Utilitarismus ein, wobei man dann später erkennen wird, welche Parallelen es gibt. Umso klärungsbedürftiger ist dann allerdings das Ziel des Utilitarismus. Der Utilitarismus stellt ein Maximierungspostulat auf, bei dem fraglich ist, worauf es sich bezieht, d. h. welche Größe überhaupt maximiert werden soll. Im folgenden soll einer zentralen Dimension dieser Frage nachgegangen werden, nämlich dem Problem, ob das zu maximierende *Summum Bonum* des Utilitarismus in subjektiven psychologischen Zuständen oder in der Realisierung informierter Wünsche besteht. Dabei soll zugleich ein Stück weit plausibilisiert werden, weshalb die Maximierung nur eines einzigen Gutes für eine adäquate Ethik hinreichend ist. Ich setze beim klassischen Utilitarismus an, weil dieser eine sachlich gute Ausgangslage bildet und weil es wegen des Einführungscharakters dieser Arbeit angebracht ist, auch zentrale Positionen der »Klassiker« des Utilitarismus vorzustellen.

Der Nutzenbegriff war von Anfang an einer der problematischsten Begriffe des Utilitarismus. Er ist schon im klassischen Utilitarismus (verstanden im engeren Sinne als die Positionen Benthams, Mills und Sidgwicks) einer Evolution unterworfen.[14] Diese Evolution hat im klassischen Utilitarismus nicht ihr Ende gefunden, sondern ist bis in die Gegenwart fortgesetzt worden. Heute gibt es im Wesentlichen drei Typen von Interpretationen des Glücks- bzw. Nutzenbegriffs:[15]

(1) die »Befriedigungstheorie« (»*mental state account*«): Diese behauptet, Glück bestehe in der Vermehrung

---

14 Gähde (1992).
15 Griffin (1986) Kap. 1–3.

positiv empfundener mentaler Befriedigungszustände.
Glück muss immer in individuell positiv erfahrenen
mentalen Zuständen aufgehen, was der Theorie einen
hedonistischen Aspekt verleiht, denn solche Zustände
kann man genießen.[16] Mein Glück speist sich beispielsweise demnach u. a. aus den Befriedigungsgefühlen, die ich aus meiner beruflichen Tätigkeit beziehe
usw.;

(2) die »Wunschtheorie« (»*informed desire account*«):
Diese besagt, Nutzen liege vor, wenn die aufgeklärten
Wünsche der Individuen erfüllt, d. h. wenn gewünschte (extramentale) Weltzustände hergestellt werden,
auch wenn die Individuen die Erfüllung ihrer Wünsche gar nicht erfahren. Musterbeispiel: Präferenzen
für postmortale Ereignisse, etwa dass Blumen auf meinem Grab stehen sollen. Wenn dieser Weltzustand
hergestellt wird, also wirklich Blumen auf meinem
Grab stehen, vergrößert dies mein Glück;

(3) die »objektive Glückstheorie« (»*objective list account*«): diese hält Glück dann für gegeben, wenn ein
Individuum über einige unabhängig von seinen Wünschen bestimmbare elementare Güter oder Fähigkeiten
verfügt, die man allgemein aus anthropologischen
Konstanten herleiten und in einer Liste objektiv formulieren kann: Wer z. B. Wohlstand, gute Freunde,
Gesundheit und einiges mehr besitzt, der ist glücklich,
gleichgültig wie er sich fühlt.

Worin besteht Nutzen? Man könnte diese Frage als
Frage nach der Ontologie des Nutzens bezeichnen. Ich
möchte in diesem Kapitel nur die Befriedigungstheorie
und die Wunschtheorie diskutieren, während die objektive
Glückstheorie uns im dritten Kapitel beschäftigen wird.
Dabei werde ich eine Variante der Befriedigungstheorie

16 Daher wird die Befriedigungstheorie häufig auch einfach als »Hedonismus« verhandelt.

verteidigen. Daraus ergibt sich eine hoffentlich nützliche Explikation des humanen Utilitarismus, der so den vollständigeren Charakter einer durchbuchstabierten Theorie abgelegt soll. Der Wertmonismus, der den Utilitarismus auszeichnet, soll hierbei ein Stück weit plausibilisiert werden, wenngleich sich die im zweiten und dritten Kapitel entwickelten Argumente eines humanen Utilitarismus auch im Rahmen einer Wunschtheorie formulieren lassen.

Die Befriedigungstheorie wird in der Regel mit J. Benthams Nutzendefinitionen verknüpft. Nutzen (*utility*) ist Bentham zufolge das, was Glück (*happiness*), *benefit*, *advantage*, *pleasure*, *good* usw. einer Interessenpartei befördert und was Schmerz, Leid usw. verhindert.[17] *Happiness*, das Ziel allen Handelns, lässt sich in den Maßeinheiten von *pleasure* und *pain* messen und über deren Gesamtbilanz definieren.[18] Mit diesem Ansatz wurden einige elementare Weichen gestellt. *Pleasure* und *pain* sind *Gefühle*, die in unterschiedlichen Intensitäten empfunden werden können. Gefühle kann man als bestimmte *mentale Zustände* beschreiben, deren Empfundenwerden durch das Individuum für Bentham entscheidend war. D.h. es kommt nach Bentham auf den Grad der Anwesenheit bzw. Abwesenheit bestimmter Gefühle im Leben an. Ein möglichst großer individueller Glückszustand ist das faktisch-psychologische *Summum Bonum*. D.h. seine Realisierung ist der Zweck, der unsere Handlungen de facto motiviert. Ebenso ist er die Grundlage für das ethischnormative *Summum Bonum*. Bentham macht das Nutzenprinzip zum Maßstab der Begriffe »richtig«, »sollen« usw. Versteht man sie anders, so sind sie sinnlos.[19] D.h. die Größe des erzielten Glückszustands ist das Maß für die moralische Qualität unserer Taten.

17 Bentham (1970, 1789) I.2.
18 Bentham (1970, 1789) IV.5 und Gähde (1992) S. 92.
19 Bentham (1970, 1789) I.10.

Indem Bentham Glück mit *Gefühlszuständen* verbunden hat, hat er ihm ein ontologisches Fundament gegeben. Dabei gebraucht er die Begriffe *pleasure* und *pain*, die in der Umgangssprache primär im Zusammenhang mit *körperlichen* Lüsten und Schmerzen verwendet werden. Damit war die Assoziation zu einem Sinnlichkeits-Hedonismus hergestellt, die Einwände wie den motiviert hat, der Utilitarismus sei eine »Philosophie für Schweine«. Das hat Bentham aber sicher nicht gemeint. Die erwähnten mentalen Zustände beziehen sich natürlich nicht nur auf körperliche Schmerzen und Lüste. Bentham führt explizit aus, dass »Lüste« oder besser »Freuden«, um den Assoziationsreichtum der Begriffe zu verkürzen, auch Freuden der Benevolenz, also Freuden am Wohlergehen anderer oder ästhetische oder intellektuelle Freuden sein können.[20] Man kann Bentham also dahingehend zusammenfassen, dass er unter Glück die positive Gesamtbilanz eines nicht näher charakterisierten »positiv empfundenen Gefühls«, verglichen mit einem ebenfalls nicht näher charakterisierten »negativ empfundenen Gefühl« versteht.

Mit Benthams Schüler J.H. Burton meint R. Trapp, Benthams Begriff der Freude durch »Freude ist Interessenbefriedigung überhaupt« treffend paraphrasieren zu können. Burton schreibt: »Was einem Menschen gefällt ist einfach zu tun, was er will. Es mag weit davon entfernt sein, ihm Vergnügen zu geben: Aber sollen wir sagen, dass er bei solchen Taten nicht seiner eigenen Lust folgt? Ein Japaner begeht Harakiri. Es ist schwierig Freude in diesem Fall nachzuweisen: Aber der Mann gehorcht seinen Impulsen.«[21] Trapp führt dazu aus: »Burtons Deutung stellt sicher, dass neben sinnlich-körperlichen auch höchste intellektuelle, ästhetische, moralische Befriedigung bis hin zum Martyrium für andere unter dem Dach [...] ›pleasure‹

20 Bentham (1970, 1789), V.
21 Burton, zit. nach Trapp (1992) S. 250 (Übers. B. G.).

vereint sind.«[22] Es geht hier immer noch darum, dass ein mentaler Zustand des Subjekts erzielt und von ihm empfunden wird (bei Burton »What pleases a man«, also *pleasure*, bei Trapp »Befriedigung«), woran Wunschtheorien nicht festhalten.

Vieles lässt sich für diese Interpretation Benthams vorbringen, und durch sie wird zahlreichen Einwänden, denen Bentham ausgesetzt war, die Berechtigung entzogen. So werden all jene Vorwürfe entkräftet, die darauf hinauslaufen, der Utilitarist könne Handlungen, bei denen sich der Akteur bewusst Schmerzen zufügt oder Lüste verwehrt (Askese, Pflichterfüllung, Selbstopferung usw.), faktisch-psychologisch nicht erklären, da er doch meine, alles strebe nach Lust. Die mögliche Erwiderung lautet: Zwar kann z.B. die mit einem Opfer verbundene Erfüllung eines Versprechens viele Freuden des Akteurs verhindern, doch bereitet ihm die Erfüllung des Versprechens eben auch eine spezifische Freude bzw. Befriedigung (im »Common Sense« das »gute Gewissen«), die er den Freuden, die aus dem Versprechensbruch resultieren könnten, vorzieht.

Man muss an vielen utilitaristischen Autoren jedoch bemängeln, dass sie den Glücks- oder Nutzenbegriff so verwendet haben, dass er Missverständnisse bzw. Verengungen nach sich ziehen musste. Wenn z.B. J. St. Mill schreibt, der Held oder Märtyrer verzichte »freiwillig auf sein Glück«,[23] dann verwendet Mill natürlich gerade jenen »engen« Glücksbegriff, den Burton im obigen Zitat abgelegt hat. Andererseits bedient sich Mill auch manchmal des »weiten«, über physische Lüste hinausgehenden Nutzenbegriffs.[24] Der Nutzenbegriff Mills weist also eine Zwiespältigkeit auf.

---

22 Trapp (1992) S. 250.
23 Mill (1976) S. 28.
24 Mill (1976) S. 66.

Wir können zusammenfassen, dass die Vertreter des klassischen Utilitarismus den Nutzen an mentalen Zuständen festgemacht, dabei aber zwischen einem engen und einem weiten Nutzenbegriff geschwankt haben. Der enge Begriff bezog sich primär auf körperliche Lüste, der weite auf die Befriedigung (nicht nur Erfüllung) jeglicher Wünsche von Interessenträgern. Man muss den Begriff des Wunsches dabei so fassen, dass er nicht an Selbstbewusstsein, sondern nur an Bewusstsein, also Empfindungsfähigkeit, gekoppelt ist. Sonst wäre es nicht möglich, den Utilitarismus z. B. auch auf Tiere anzuwenden.[25]

Man kann den weiten von Bentham und Burton eingebrachten Glücksbegriff genauer explizieren, wenn man Glück als weniger abstrakten Terminus für *relativ maximale Interessenbefriedigung* versteht.[26] Wenn wir uns eine Situation denken, in der mehrere Handlungen erfolgen können, ist diejenige optimal, welche verglichen mit allen anderen möglichen Handlungen die relativ maximale Gesamtbefriedigung der Interessen sichert. Dabei darf man nun nicht dem Fehler verfallen, die Gesamtbefriedigung »eng« im Sinne des erwähnten engen Nutzenbegriffs zu interpretieren. Der Nutzen von Weltzuständen besteht nur in der Fähigkeit dieser Zustände, inhaltlich *nicht näher spezifizierte Interessenbefriedigungszustände* bei Individuen hervorzurufen.[27]

Es zu beachten, dass *relative* (maximale) Interessenbefriedigung natürlich nicht nur im Endergebnis besonders lustvolle Zustände meint, sondern auch dann vorliegt,

---

25 Vgl. Mill (1976) S. 21.
26 Trapp (1988) S. 311.
27 Trapp und Bentham fassen »Nutzen« streng genommen nicht als Gefühlsbilanz, sondern als *dispositionale Eigenschaft von Weltzuständen, Gefühls-
bilanzen zu erzeugen*, auf. (Bentham [1970, 1789] I.2.) Es bietet sich aber
aus Gründen der Einfachheit an, »Nutzen« in einem globalen Sinne so zu
verwenden, dass der Begriff mit »Befriedigung« bzw. Glück deckungsgleich
gebraucht wird.

wenn man das geringere zweier Übel realisiert. Daher darf »relative« (maximale) Befriedigung nur als ein »x *als besser* empfinden als y« verstanden werden. Ein relativ maximal befriedigter Mensch muss daher noch nicht im alltagssprachlichen Sinn glücklich sein. Ab welcher Menge positiver mentaler Zustände man in diesem Sinne vom »glücklich sein« sprechen kann, ist sicher nur individuell festzulegen, und mit Aristoteles bleibt festzuhalten, dass wir Glück in diesem Sinne nur dann attestieren, wenn es eine gewisse Dauer mit sich bringt: »Denn eine Schwalbe macht noch keinen Frühling, und auch nicht ein einziger Tag; so macht auch ein einziger Tag oder eine kurze Zeit niemanden glücklich und selig«.[28] Jedenfalls ist Glück in der Befriedigungstheorie sozusagen aus dem Stoff »Befriedigungsgefühle« gemacht, und diese Analyse wird ein Vertreter der Befriedigungstheorie auch auf den alltagssprachlichen Glücks- oder Zufriedenheitsbegriff ausdehnen, was eine klare Verbindung beider Sektoren etabliert.

3. Zählt für uns nur unsere Befriedigung?

Die Befriedigungstheorie wird hart kritisiert. Mit dieser Kritik müssen wir uns auseinandersetzen, weil sie in Frage stellt, dass es einen faktischen Wertmonismus gibt und weil ich diese These im Prinzip verteidigen und für eine Rehabilitation des Utilitarismus fruchtbar machen möchte. Es sind faktische und normative Argumente zu unterscheiden. Die Befriedigungstheorie bietet eine faktisch-psychologische Motivationstheorie, und sie vertritt die These, dass der in ihrem Sinne gefasste Nutzen in der Ethik maximiert werden sollte. Beide Komponenten werden angegriffen.

---

28 Aristoteles, NE, 1098a.

(1) Empirischer Hedonismus: *Es gibt viele Handlungsziele, die nicht in einer Lustempfindung bestehen, sondern Selbstzwecke sind.* Man arbeitet demnach z. B. nicht künstlerisch, um ein bestimmtes Lustgefühl zu erhalten, sondern man muss bei der Kunst sogar vergessen, dass man Lust an ihr empfindet, um Freude an der Kunst zu haben.[29] Die Befriedigungstheorie sieht in der relativ maximalen »Interessenbefriedigung« das *einzige Endziel* des faktischen Strebens, Wünschens und Handelns. Alle anderen Dinge werden lediglich als Mittel für diesen Zweck erstrebt. Diese These konfligiert mit einigen elementaren Intuitionen, denn bei manchen Handlungen denkt man nicht an die eigene Befriedigung und scheint daher nicht das Endziel »eigene Befriedigung« anzustreben. Die nächsten zwei Einwände hängen eng mit diesem Punkt zusammen.

(2) Altruismus/Egoismus: Wenn die Vertreter der Befriedigungstheorie recht hätten, dann müsste man alle Handlungen von Individuen als letztlich *egoistisch* motiviert auffassen. Der Vater, der sich für das Wohl seiner Kinder opfert, müsste der Befriedigungstheorie folgend als jemand aufgefasst werden, der durch diese Handlung seine eigene Befriedigung maximiert. Jedes Handlungsziel wäre auf die Befriedigung des Handelnden reduzibel. Altruistische Akte müssten als letztlich egoistische Akte gedeutet werden. B. Russell kritisiert die Befriedigungstheorie in diesem Sinne und behauptet: »Die Vertreter der egoistischen Theorie werden somit in allen Fällen von Selbstaufopferung sagen müssen, dass der außerhalb des Ichs liegende Zweck, der durch das Opfer erreicht werden soll, nicht eigentlich erstrebt wird. Opfert ein Soldat sein Leben, so ist ihm am Sieg seines Landes eigentlich gar nicht gelegen.«[30] Übrigens hat die Wunschtheorie dieses Problem letztlich auch.[31]

29 Sidgwick (1981) 1. Buch, 4. Kap, § 2, S. 49.
30 Russell (1997, 1976) S. 192.
31 Sumner (1996) S. 135.

(3) Lustmaschine: Eine weitere Variante des ersten Einwands ist das »pleasure-machine«-Argument.[32] Angenommen, der Akteur x, der z. B. das Wohlergehen seiner Kinder wünscht, wird von einer Lustmaschine mit dem entsprechenden Gefühl der Befriedigung versorgt, ohne dass es seinen Kindern wirklich gut geht: x hätte nach der Befriedigungstheorie bekommen, was er wollte, und das widerspricht manchen Intuitionen. Wünsche richten sich häufig auf Weltzustände. Diese Weltzustände müssen aber nach der Befriedigungstheorie nicht realisiert werden, denn sie zählen nur *als Mittel* für den Erhalt von Befriedigungszuständen. Folglich müsste man jemandes Wunsch für erfüllt halten, wenn er den angestrebten Befriedigungszustand erhält und nicht, wenn der gewünschte Weltzustand vorliegt. Dem scheint zu widersprechen, dass wir manchmal die bittere Wahrheit der tröstenden Illusion vorziehen also einen positiv empfundenen mentalen Zustand gegen einen negativen »eintauschen« würden.[33]

(4) Unempfindbare Wunscherfüllungen: Faktisch haben viele Individuen offenbar Wünsche, deren Inhalt sich auf Zeitpunkte nach ihrem Tod bezieht (kurz: postmortale Wünsche), und in der intuitiven Moral zählen solche Wünsche häufig nach dem Tod des Wünschenden. Postmortale Wünsche sind dabei nur ein krasses Beispiel für Wünsche, die mit unempfindbaren Wunscherfüllungen verbunden sind. Wie kann es sein, dass Individuen solche an unempfindbare Befriedigungen gebundene Wünsche haben, wenn sie nur nach Befriedigung streben? Hier hat die faktische Befriedigungstheorie ein Erklärungsproblem. Ethisch entsteht die Schwierigkeit, dass die von der Befriedigungstheorie zu erwartende Entwertung z. B. postmortaler Wünsche mit der intuitiven Moral konfligiert.

---

32 Vgl. dazu Nozick (1974) S. 42 ff.
33 Griffin (1986) S. 13.

Keinesfalls sind dies alle Kritikpunkte, die man auch noch gegen eine Befriedigungstheorie mit einem weiten Nutzenbegriff vorbringen kann.[34] Allerdings zeigen sie die gravierendsten Probleme auf und begründen, weshalb sich viele Vertreter des Utilitarismus der Wunschtheorie zugewandt haben.

4. Die Wunschtheorie

Die Wunschtheorie definiert Nutzen als die Erfüllung informierter Wünsche. Die Wunschtheorie setzt sich dabei insbesondere in einem Punkt von der Befriedigungstheorie ab: Wünsche werden nicht nur dann als erfüllt angesehen, wenn Akteure bestimmte Empfindungen haben, sondern ein Wunsch ist erfüllt in dem Sinne, in dem ein Vertrag erfüllt ist: was beschlossen wurde, wird Realität.[35] Nutzen für einen Akteur i wird in der Wunschtheorie genau dann als gegeben eingestuft, wenn der von i in einem informierten Wunsch gewünschte Weltzustand w realisiert wird. Der Akteur i muss diesen Nutzen nicht unbedingt empfinden, die »Erfahrungsbedingung« in Bezug auf Wunscherfüllungen wird fallen gelassen. In diesem Sinne schreibt auch C. Fehige: »Reden wir davon, dass eine Präferenz [...] befriedigt [...] wird, meinen wir damit noch nicht, dass das Bewusstsein des Präferierenden affiziert wird; sondern nur, dass das, was er sich gewünscht hat, der Fall ist.«[36] Rekapitulieren wir in Anlehnung an J. Griffin kurz, wie die einzelnen Bestandteile der Wunschtheorie definiert werden können.

Wünsche müssen vor ihrer Erfüllung nicht bewusst existiert haben. Etwas wünschen bedeutet, in den richti-

---

34 J. Butlers Einwand, dass etwas nur Befriedigung schafft, *weil* es gewünscht wird, behandele ich in: Gesang (2000c), S. 394 f.
35 Griffin (1986) S. 14.
36 Fehige (1997) S. 307.

gen Umständen etwas für seine Realisierung zu tun, oder wenigstens gegenüber seiner Realisierung nicht indifferent zu sein.[37] Ein Wunsch ist hier eine *Verhaltensdisposition*, die ihrem Trägersubjekt nicht bewusst sein muss. Das Gewünschte wird im Wunsch jedoch im Regelfall repräsentiert und zwar auf eine solche Weise, dass der Wünschende versuchen wird, den Inhalt der Repräsentation zu realisieren.[38] Wünsche sind *informiert*, wenn sie nicht auf logischen oder faktischen Fehlurteilen basieren. Zudem schließt Informiertheit ein, dass man nicht nur über bestimmtes Wissen verfügt, sondern auch realisiert, was diese Informationen bedeuten, was es z.B. (auch emotional) bedeutet, x zu besitzen oder nicht zu besitzen.[39] Dabei sollen nicht alle, sondern genau die Informationen für x relevant sein, welche die Realisierung des Lebensplans von x fördern. Vollständige Information ist gegeben, wenn weitere Information keine Förderung des Lebensplans mehr hergeben würde.[40]

Bei einem Konflikt von informierten Wünschen zählt der stärkere Wunsch. Die *Stärke eines Wunsches* kann nicht automatisch mit seiner *gefühlten Intensität* zusammenhängen. Gefühlte Intensitäten können durch Training/Erfahrung bedingt sein und werden oft vom kurzfristigen Interesse diktiert. Es kommt nicht nur auf die motivationale Stärke an, sondern auf ein »ranking« in einer wohlüberlegten Präferenzordnung.[41] Letztlich sind Bevorzugungen von Wünschen gegen andere Wünsche immer im Kohärenzrahmen eines Lebensplans zu verstehen. Man präferiert einen bestimmten »way of life«, und daraus ergeben sich Einzelentscheidungen in konkreten Situationen.[42]

37 Griffin (1986) S. 14.
38 Vgl. Fehige/Wessels (1998) S. XXI f.
39 Griffin (1986) S. 314 f.
40 Griffin (1986) S. 13.
41 Griffin (1986) S. 15.
42 Griffin (1986) S. 35.

Die Wunschtheorie muss kritisch diskutiert werden, wenn wir unser Projekt fortsetzen wollen, den Wertmonismus zu verteidigen. Die elementarste Kritik liegt auf der ethischen Ebene und lautet: Wenn ein Utilitarist das Wohl aller maximieren will, dann will er Individuen helfen, er will ihre Lebensumstände verbessern, er will ihnen »etwas Gutes tun«. Wieso sollte der Utilitarist sich also um die Erfüllung von Wünschen kümmern, die denen, die sie haben, keinerlei Vorteil, keinerlei »Gutes« bringen, weil sie nie um die Erfüllung oder Nichterfüllung ihrer Wünsche wissen werden? Natürlich kann man z.B. bei postmortalen Wünschen andere Kategorien, wie den Nutzen für die Gesellschaft, die »Vorfreude« der Lebenden auf die später wahrscheinliche Wunscherfüllung usw. ins Spiel bringen. Wieso sollte man aber i's Wunsch, dass ferne zukünftige Generationen ein gutes Leben haben, erfüllen, wenn man außer Betracht lässt, dass es andere Gründe als den Wunsch von i dafür gibt? Es geht in der Ethik eben nicht nur darum, was Personen de facto wünschen (einmal angenommen, dies sei die Realisierung bestimmter Weltzustände), sondern für den Utilitaristen kommt es bei seiner Entscheidung, was er ethisch berücksichtigen soll, primär auf Gründe an, die mit *dem Wohl von Individuen* zusammenhängen. Betrachtet man das Problem von dieser ethischen Seite, könnte man meinen, die Wunschtheorie habe das Bestreben, *ethisch wertlose Weltzustände um ihrer selbst willen zu erzeugen*, weshalb sie als ethisches Nutzenmodell nicht akzeptabel sein könne. Offenbar gehe es der Wunschtheorie nicht um die Verbesserung der Lebensumstände von Individuen, sondern um Wunscherfüllung *im Sinne der Mehrung einer intrinsisch wertvollen abstrakten Entität*, könnte ein Vertreter der Befriedigungstheorie argumentieren. Man koppelt dann die so verstandene Nutzenmaximierung (Wunscherfüllung) von den Interessenträgern ab und macht sie zum *Selbstzweck*. Dann ist jene bedenkliche

Spielart des Utilitarismus nicht mehr fern, die den Nutzen als abstrakte Größe verehrt und eventuell sogar den Menschen (bzw. das Tier) in den Dienst des Nutzens stellt, statt umgekehrt zu verfahren. Diesen Utilitarismus halte ich für extrem kontraintuitiv und inhuman, er ist vielen Kritikern zu Recht ein Paradebeispiel für utilitaristische Verwirrungen.

Der Wunschtheoretiker wird diese Kritik zurückweisen. Er wird darauf insistieren, dass es auch ihm um das Wohl der Individuen gehe, nur dass er offenbar etwas anderes darunter verstehe als der Vertreter der Befriedigungstheorie. Für die Wunschtheorie *bedeutet* Wunscherfüllung einfach eine Vermehrung des Wohlergehens, unabhängig von dessen Erfahrbarkeit. In der Wunschtheorie wird man zudem behaupten, einen »abstrakten Utilitarismus« zu vermeiden. Man meint, eine Verbindung von Wunsch und wünschendem Individuum zu wahren. Ein Wunsch postmortalen Inhalts war beispielsweise vor dem Tod von x ein Wunsch des Individuums x, ist also sozusagen »genetisch« an ein konkretes Subjekt gekoppelt. Aber die Frage ist eben, ob diese schwache und bei postmortalen Wünschen nach dem Tod bereits vergangene Kopplung hinreichenden Grund für die Erfüllung des Wunsches gibt.

Alles läuft auf die Frage hinaus, ob die Konzeption des Wohlergehens, die die Wunschtheorie verfolgt, überzeugen kann. Ich glaube, dass dies nicht der Fall ist und will dies an einigen Beispielen demonstrieren. Dazu folge ich zuerst W. Sumner, der schreibt: »Da meine Wünsche sich auf räumlich und zeitlich weit entfernte Ereignisse erstrecken, folgt, dass eine Befriedigung von vielen dieser Wünsche an Orten und zu Zeiten stattfindet, die zu weit entfernt sind, um einen Effekt auf mich zu haben. In solchen Fällen ist es schwer zu sehen, wie solche Wunscherfüllungen meine Lebensqualität verbessern können. [...] *Wann* geht es mir besser? Wie kann unsere Lebensqualität gesteigert werden, nachdem wir tot sind?«[43] In der Tat hat der Wunschtheoretiker Schwierigkeiten, einen plausiblen *Zeitpunkt* anzugeben, an dem das Wohlergehen von x durch die Erfüllung einer Präferenz postmortalen Inhalts verbessert wird, denn solche Zeitpunkte können nicht nach dem Tode von x liegen, da es x dann per definitionem nicht mehr besser oder schlechter gehen kann. Also kann seine Theorie den Zeitpunkt der Wohlergehensvergrößerung nur auf den Zeitpunkt des Wünschens beziehen: Jetzt, wo ich eine postmortale Präferenz habe, geht es mir besser durch deren spätere Erfüllung. Dass der Wünschende diese jetzige Wohlergehensvergrößerung nicht wahrnimmt (allenfalls kann er Vorfreude wahrnehmen und das ist etwas anderes), ist unerheblich, denn Wahrnehmung ist in der Wunschtheorie verzichtbar. Das ist einfach hochgradig kontraintuitiv.

Die Wunschtheorie wird nicht nur in den wenigen abgelegenen Fällen postmortaler Wünsche auf diese Weise kontraintuitiv.[44] Sie muss, generell gesprochen, vergangene Wünsche genauso gewichten wie aktuelle (postmortale Wünsche sind nach dem Tod des Wünschenden eine Unterklasse vergangener Wünsche), unbesehen der Tatsache, dass Wünsche sich verändern. Es kann zu ganz absurden Fällen kommen: Angenommen, ich habe mir lange überlegt, ob ich Sportler oder Philosoph werden soll. Ich habe alle verfügbaren Informationen abgewogen und mich zur Philosophie durchgerungen. Dann bin ich Philosoph geworden, alles ist so gekommen, wie erwartet, nur es ödet mich an, ich kann es nicht genießen. Zwar erfahre ich meine Wunscherfüllung, aber ich erfahre sie als *negativ*. Die Präferenz, nach der ich gehandelt habe, ist so rational und informiert wie möglich. Der Fehler resultiert aus der Lücke zwischen meiner *ex ante*-Erwartung und meiner *ex*

43 Sumner (1993) S. 79 (Übers. B. G.).
44 Brandt (1979) S. 249 ff.

post-Erfahrung. Diese Lücke existiert aufgrund der generellen Zukunftsbezogenheit des Wünschens.[45] Gleichwohl vergrößere ich der Wunschtheorie zufolge mein Wohlergehen durch mein mir schadendes Philosoph-Sein, denn ich hatte den Wunsch danach und er wurde erfüllt. Das bedeutet es in der Wunschtheorie, das Wohlergehen eines Individuums zu vergrößern. Dass es viele Fälle gibt, in denen die Individuen diese Art von »Wohlergehenssteigerung« ablehnen, ja für absurd halten, spielt keine Rolle.

Wünsche, deren Realisation uns in der aktuellen Erfahrung enttäuscht, und Wünsche, deren Realisation nie von uns erfahren wird – beides sind Fälle, in denen die Erfüllung von Wünschen nicht hinreichend ist, um unser Wohlergehen zu steigern. Sie demonstrieren, dass es eine offene Frage ist, ob das Wohlergehen des Wünschenden durch die Erfüllung seiner Wünsche vergrößert wird. Auch Schädigendes als Wohlergehenssteigerung aufzufassen, ist absurd. Gerade eine subjektivistische Theorie, die ihr Konzept eines *Summum Bonum* von dem herleiten will, was die Individuen tatsächlich wertschätzen, kann nicht etwas zum höchsten Gut erklären, was die Individuen manchmal strikt ablehnen.

Die Wunschtheorie ist folglich ohne weitere Qualifizierungen »zu weit«, weil sie weit über das, was wir normalerweise unter dem Wohlergehen von Individuen verstehen, hinausgehen kann. Es ist zudem fraglich, ob ein Versuch der Verengung der Wunschtheorie erfolgreich sein kann, wenn er nicht genau auf die »Erfahrungsbedingung« zurückgreift, deren Zurückweisung die Wunschtheorie von der Befriedigungstheorie abgrenzt.[46]

---

45 Sumner (1996) S. 131 f.
46 Vgl. Griffin (1986) S. 22 f.

5. Worum geht es uns:
Befriedigung oder Weltzustände?

Was ist das richtige Nutzenkonzept (das faktisch tatsächlich Gewollte), um dessen Mehrung sich die utilitaristische Ethik sorgen sollte? Es wäre fatal, wenn der Utilitarismus sich um die Mehrung von etwas bemüht, das de facto gar keinen Nutzen darstellt. Der Utilitarismus will das *Summum Bonum* der Individuen nach Möglichkeit maximieren, und für die Bestimmung dessen, was dieses *Summum Bonum* ausmacht, ist das eine unentbehrliche Grundlage, was die Lebewesen wirklich als nützlich einstufen. Daher kommt es für den Utilitarismus auch darauf an, welches Nutzenkonzept deskriptiv angemessen ist. Den diesem Konzept entsprechenden Nutzen wird er normativ als zu maximierende Größe vorschreiben. Sollte sich auf deskriptiver Ebene erweisen, dass nur *ein* Wert von den Lebewesen angestrebt wird, ist dies zugleich ein starkes *Argument für eine wertmonistische normative Ethik*, die sich dann eben darum zu kümmern hat, diesen einen Wert zu maximieren.

Ich werde mich auf eine Diskussion der oben aufgelisteten Kritikpunkte an der Befriedigungstheorie konzentrieren:

Ad (1) Empirischer Hedonismus: Zuerst muss man feststellen, dass dieser Einwand primär auf den engen Nutzenbegriff bezogen ist. Insofern kann die Befriedigungstheorie diesen Einwand zulassen. Denn dass wir normalerweise keine sinnliche Lust bei Selbstopfern verspüren, liegt auf der Hand und wird von der Befriedigungstheorie nicht bestritten. Nun kann man den Einwand aber auch auf den weiten Nutzenbegriff übertragen. Handelt bzw. wünscht der oben unter 1.3 beschriebene altruistische Vater, weil er eine spezifische Befriedigung sucht? Wenn befragt, wird dies der Vater eventuell verneinen. Natürlich könnte er aber *unbewusst* von einem solchen Handlungsmotiv getrieben werden. Schon Sidgwick bringt diesen Punkt der möglichen »Unbewusstheit« des Endziels Befriedigung vor, argumentiert jedoch gegen diese These, dass die Unterstellung des unbewussten Strebens nach Befriedigung schwer zu verifizieren sei.[47] Wir müssen also nach anderen Argumenten suchen. Dazu können wir den kniffligen Fall des nach dem Wohlergehen seiner Kinder strebenden Vaters erneut bemühen und dahingehend verschärfen, dass dieser Vater das Wohl seiner Kinder nach seinem Tod anstrebt, weshalb er z.B. eine Lebensversicherung zu ihren Gunsten abschließt.

Es gibt mehrere Möglichkeiten, das Streben dieses Vaters zu deuten. (a) Er strebt wirklich den Weltzustand an, in dem es seinen Kindern gut geht und nichts mehr. (b) Er strebt (unbewusst) die »Vorfreude« an, die es ihm bereitet, zu seinen Lebzeiten den Gedanken zu haben, dass es seinen Kindern später einmal gut gehen wird. (c) Der Vater könnte seine Kinder gar nicht mögen, aber würde sich trotzdem »gut fühlen«, wenn er für ihr Wohl vorsorgt, weil er dies als seine Pflicht ansieht und sich über die Pflichterfüllung bzw. das Bewusstsein der eigenen Sittlichkeit freut. Weitere Deutungsmöglichkeiten wären vorstellbar.

Wer möchte nun anhand welcher Mittel beantworten, wonach ein Vater wirklich strebt, der den Wunsch äußert, dass seine Kinder nach seinem Tod glücklich sein sollen? Der angesprochene Vater wird selbst die Antwort kaum geben können, zumal sich die verschiedenen Motive bis zur Ununterscheidbarkeit überlappen können. Es gibt jedenfalls Väter, die sich bei der Analyse ihrer Wünsche für die Alternative (a) entscheiden werden. Das ist an der Heftigkeit abzulesen, mit der von vielen gegen die reduktionistische Befriedigungstheorie argumentiert wird. Die Intuitionen vieler werden (a) unter den möglichen Antworten se-

---

hen, selbst wenn sich die »positiven Gefühle«, die z. B. unter (b) angesprochen werden, als »Nebeneffekt« bei der Sorge für das Wohl der Kinder einstellen werden. Mehr als intuitionistische Selbstdiagnostik steht leider an diesem Punkt nicht zur Verfügung, so dass man kein Mittel hat, die Berechtigung der Intuitionen zu erschüttern, nach denen sich (a) unter den möglichen Antworten befindet. *Damit wäre die empirische These, dass jeder zwangsläufig bei jedem Wunsch einen Befriedigungszustand als Endziel intendiert, entkräftet.* Einfach zu behaupten, es gebe immer ein unbewusstes Motiv im Sinne der Befriedigungstheorie, würde voraussetzen, was zu beweisen ist. Wenn z. B. der angesprochene Vater seine Absichten gründlich reflektiert und uns dann antwortet, er wünsche der Alternative (a) gemäß, so können wir nur annehmen, dass er sich alle ursprünglich unbewussten Motive bewusst gemacht hat.

Allerdings werden die wenigsten Wünsche solche irreduziblen Selbstzwecke zum Endziel haben. Bei den meisten gern angeführten Selbstzweckbeispielen wird Befriedigung im Sinne des weiten Nutzenbegriffs das bewusste oder unbewusste Endziel sein. Dies wird z. B. beim wissenschaftlichen Arbeiten, beim künstlerischen Gestalten und auch beim moralischen Handeln in der Regel der Fall sein. Eine moralische Handlung, bei der man weder das gute Gefühl hat, etwas Positives bewirkt zu haben, noch das gute Gefühl hat, seine Pflicht getan zu haben bzw. mit der man nicht einmal das Gefühl eines schlechten Gewissens vermeiden kann, würden die wenigsten ausführen. (Dass es Ausnahmen geben mag, wurde bereits zugestanden.) Das heißt natürlich nicht, dass man sich z. B. bei der künstlerischen Tätigkeit in jedem Augenblick bewusst machen muss, dass man eine Befriedigung anstrebt. Dieses durchgängige Bewusstsein zerstört die spezifische Befriedigung der Kunst, wie Sidgwick richtig bemerkt hat. Gleichwohl würde man die Kunst vielleicht nicht mehr ausüben, wenn die Freude am Gelingen, an der Beherrschung von Fähigkeiten, an der Herstellung von Produkten usw. sich nicht *zu irgendeinem* Zeitpunkt (spontan) einstellt. Es ist keine abwegige Frage, den Künstler zu fragen, ob ihn seine Kunst befriedigt, im Gegenteil, die meisten werden antworten, die Kunst sei für sie die Quelle tiefster Befriedigung, beispielsweise weil sie das *Gefühl* hätten, sich in ihr vollständig selbst zu verwirklichen.

Die immense Menge von Selbstzwecken, die von Sidgwick u. a. in die Debatte gebracht wird, rührt von einer Orientierung am engen Nutzenbegriff her. Letztlich bleiben nur einige wenige Fälle für die faktische Befriedigungstheorie problematisch, wenn man vom weiten Nutzenbegriff ausgeht, wobei es sich primär um Wünsche handeln dürfte, deren Befriedigung von vornherein als nicht erfahrbar erkannt wird. Selbst da dürften jedoch Vorfreude und falsche Annahmen (dass man doch etwas spürt, wenn man nach dem Tod verbrannt wird usw.) das Entscheidende sein und nicht völlig »uninteressierte Impulse«, einen Weltzustand w erzeugen zu wollen.

Was also die faktische Seite des ersten Einwands angeht, lässt sich folgendes resümieren: Die These, dass jedes Individuum *notwendig* nach Befriedigungszuständen strebt und diese als Endziele seines Wünschens betrachtet bzw. betrachten muss, wurde geschwächt. Die faktische Befriedigungstheorie ist mit den bisher entwickelten Begründungen nicht uneingeschränkt zu verteidigen. In den weitaus meisten Fällen wird die faktische Befriedigungstheorie allerdings richtig liegen. Viele scheinbare Selbstzwecke sind mit der Befriedigungstheorie erklärbar, und für diese Fälle liefert die Wunschtheorie falsche faktische Annahmen, zumal sie diese Fälle auch noch als zur Steigerung des Wohlergehens des Wünschenden führend beschreibt, was mit unserem normalen Begriff des Wohlergehens konfligiert (s. o.). *Wenn wir also zugestehen, dass nur sehr wenige hartnäckige Selbstzwecke jenseits der Befriedigung verbleiben, wird die Befriedigungstheorie insgesamt fak-*

tisch adäquater sein, als die Wunschtheorie, die eine große Menge solcher Selbstzwecke annimmt. Daher liegt es nahe, dass der Utilitarismus das im Regelfall angestrebte *Summum Bonum* der Lebewesen maximieren sollte, nämlich positive »mental states«. Einzelfälle, in denen Selbstzwecke gewünscht werden, sollte der Utilitarist unbeachtet lassen, da die Realisierung dieser Selbstzwecke das Wohlergehen der wünschenden Individuen nicht tangiert.

Auf dem ethischen Sektor gibt es gute Gründe dafür, dass wir uns nur für »mental states« interessieren sollten, weshalb ich für eine vorrangig normativ begründete und daher *normative Befriedigungstheorie* plädiere. Der utilitaristische Ethiker *sollte* sich demnach nur um die Herstellung von Befriedigungszuständen sorgen, denn alles andere widerspricht der basalen utilitaristischen Intuition, dass *die Interessen oder anders formuliert das Wohlergehen* aller von einer Handlung betroffenen *Individuen* zählen sollten. Diese im letzten Teilsatz ausgedrückte Intuition teilt die Wunschtheorie, aber sie kann nicht überzeugend verdeutlichen, weshalb bloße Wunscherfüllung etwas zum Wohl der Interessenträger beiträgt.

Ad (2) Altruismus/Egoismus: Die faktische Befriedigungstheorie müsste tatsächlich jeden altruistischen Akt auf einer höheren Ebene als »egoistischen« Akt deuten. Da die Befriedigungstheorie auf der faktischen Ebene aber nicht vollständig durchzuhalten ist, kann man einräumen, dass es irreduzibel altruistische Handlungen (selten) gibt. Aber auch die reduziblen altruistischen Taten muss man deshalb nicht als egoistisch im wertenden Sinne der Umgangssprache klassifizieren. Der abwertende Gebrauch des Begriffes »Egoismus« bezieht sich auf *direkte* egoistische Motive, nicht auf *indirekte*. C. Fehige führt dazu – allerdings im Rahmen einer Verteidigung der Wunschtheorie, die dieses Problem auch hat – überzeugend aus: »Egoisten sind nicht Leute, die ihrem Herzen folgen, sondern Leute, deren Herzen kalt sind. Sie können nicht als Menschen definiert werden, die ihren Wünschen folgen, sondern als Menschen, denen Wünsche einer bestimmten Art fehlen, nämlich die Wünsche, dass es anderen gut gehen soll.«[48] Deshalb sollte man für Befriedigungen, die sich über den Umweg einer Vergrößerung des Wohls anderer erfüllen, nicht den Begriff »Egoismus« verwenden, das provoziert nur Missverständnisse. Aus utilitaristischer Perspektive zählen moralisch erst einmal nur reduzible altruistische Wünsche, das dürfte mit den Ausführungen zu (1) klar geworden sein.

Ad (3) Lustmaschine: Das Argument der »Lustmaschine« soll demonstrieren, dass es uns um etwas anderes als Befriedigung gehen kann, und das ist bereits zugestanden worden. Man könnte höchstens meinen, dass das dritte Argument zeige, die Menge der Selbstzweckwünsche sei doch größer als oben zugestanden wurde. Kommt es uns nicht auch bei der Kunst oder Wissenschaft darauf an, dass wir *wirklich* etwas erzeugen und nicht nur denken, etwas zu erschaffen? Geht es beim Handeln nicht um *wirkliche* Freiheit und Autonomie und nicht bloß um deren Anschein? Nehmen wir einen ähnlichen Fall: Angenommen, mein »personal despot« verspricht mir glaubhaft eine immense Steigerung meiner Lustgefühle, wenn er mich regiert. Ich werde trotzdem meine Freiheit und Autonomie vorziehen, und das soll belegen, dass es mir nicht nur um Lüste und Freuden geht.[49] Man könnte aber entgegnen: Die *spezifische Freude der Freiheit und Autonomie* kann mir der Despot nicht verschaffen, und um diese (also um Befriedigungszustände) geht es mir eben auch. Die Meinung, Dinge nicht nur fiktiv zu erzeugen, nicht nach Vorgabe einer Maschine zu handeln usw. bereitet m. E. eine spezifische Freude, die für viele unverzichtbar ist. Sie macht den *Reiz der Realität* aus, und genau um

48 Fehige (2001) S. 61 (Übers. B. G.).
49 Griffin (1986) S. 9.

diesen Reiz geht es den meisten Subjekten. Daher kann die Befriedigungstheorie ohne Probleme einräumen, dass es den Menschen um die Realität ihrer Erlebnisse geht, weil mit dieser eben ein spezifischer »mental state« verbunden ist. Wenn man jedoch nicht wüsste und nie wissen könnte, dass man doch an eine Lustmaschine angeschlossen ist und sich mit der besagten obigen Meinung irrt, wird man die spezifischen Freuden des Bewusstseins, frei und real zu handeln, ungeschmälert empfinden. *In diesem Falle könnte es uns gleichgültig sein, ob wir in unserer Realität leben oder nicht.* Aber dieser Fall ist völlig irreal und wir sollten uns über ihn nicht zu viele Gedanken machen. In unserer Realität geht es uns um reale Erlebnisse, und das kann die Befriedigungstheorie einräumen.

Ad (4) Unempfindbare Wunscherfüllung: Was die faktische Seite angeht, wurde zugestanden, dass es irreduzible Wünsche gibt. Ethisch sollten diese Wünsche für den Utilitaristen nicht zählen (s.o.). Das bedeutet insbesondere bezüglich postmortaler Wünsche einen Konflikt mit manchen Intuitionen aus der Alltagsmoral, der jedoch dadurch gemildert wird, dass es zahlreiche »sekundäre«, z.B. nicht auf den Wunsch des Verstorbenen selbst zurückgehende Überlegungen gibt, die eine Erfüllung eines postmortalen Wunsches nahelegen. Es würde die Lebenden belasten (ihnen ihre Vorfreude nehmen), wenn sie wüssten, dass man ihre postmortalen Wünsche nicht berücksichtigen würde. In Fällen, wo nur ein Lebender, eben der utilitaristische Ethiker, von einem postmortalen Wunsch weiß, gibt es keinen Grund, den Wunsch um seiner selbst willen zu erfüllen. Das mag manchen Intuitionen immer noch zuwiderlaufen, aber der Utilitarismus sollte sich nur an den meisten und nicht an allen Stellen mit den gängigen Intuitionen decken. Er muss sich auch einen kritischen und innovativen Stachel bewahren, denn Moral kann nicht nur eine Sache der Mehrheitsmeinung sein, was uns wiederum auch unsere eigenen Intuitionen lehren.

6. Zusammenfassung

Es wurde untersucht, welcher Wert dazu geeignet ist, von einem Utilitaristen maximiert zu werden. Es ging dabei um eine Klärung des utilitaristischen Wertmonismus und um eine partielle Verteidigung einer wertmonistischen Ethik. Zu diesem Zweck wurden die zwei wichtigsten Kandidaten für eine Füllung des »Glücksbegriffs« der klassischen Utilitaristen erörtert: Die Mehrung positiv empfundener mentaler Zustände (Befriedigungstheorie) und die Realisierung von Weltzuständen, die in informierten Wünschen gewünscht werden (Wunschtheorie). Im klassischen Utilitarismus dominierte die Befriedigungstheorie, allerdings war der mit ihr verbundene Glücksbegriff der klassischen Utilitaristen zweideutig: Er changiert insbesondere bei J. St. Mill zwischen einem engen Glücksbegriff, der Glück auf körperliche Lüste begrenzt, und einem weiten Glücksbegriff, der jede Art von Befriedigungsgefühl einer Person P, selbst die Befriedigung des Märtyrers, als Glück von P definiert.

Die im Sinne des weiten Glücksbegriffs verstandene Befriedigungstheorie wurde weitgehend verteidigt, insbesondere durch den Hinweis, dass die Wunschtheorie an manchen Punkten direkt in einen abstrakten Utilitarismus führt, der Nutzen als abstrakten Selbstzweck mehren will, ohne sich um die Mehrung individuellen Glücks zu kümmern. Die Wunschtheorie kann nicht zeigen, dass die bloße Erfüllung von Wünschen dem Wohlergehen von Individuen dient. Die Erfüllung seiner vergangenen Wünsche kann vom Individuum x sogar als ein Übel empfunden werden, gleichwohl stellt sie in der Wunschtheorie eine Steigerung des Wohls von x dar. Das ist de facto ein Bruch mit dem herkömmlichen Begriff des Wohlergehens. Eine Ablösung des Nutzenbegriffs von menschlichen Individuen führt zu inhumanen Konsequenzen, denn in diesem Falle werden Menschen für den Nutzen instrumentalisiert, statt dass der Nutzen den Menschen dient. Die Befriedigungstheorie deckt zudem faktisch den allergrößten Teil dessen ab, was die Individuen wirklich wünschen. Die Wunschtheorie bringt hingegen eine große Zahl von Selbstzweckwünschen ein, die nicht auf Befriedigungsgefühle zielen sollen, von denen aber nur die wenigsten wirkliche Selbstzwecke ausdrücken. Diese faktischen Verhältnisse bieten sowohl ein Argument gegen die Wunschtheorie wie auch eines für eine wertmonistische Konzeption: *Wenn die Individuen tatsächlich alle vorrangig die Vermehrung eines einzigen Wertes wünschen und positiv erfahren, dann ist das ein erheblicher Anreiz dafür, sich in einer humanen Ethik, welche die Befriedigung der Individuen berücksichtigt, an diesem und nur an diesem einen Wert auszurichten.* Wenn de facto (fast immer) nur ein Wert angestrebt wird, ist das ein gutes Argument dafür, sich in der Ethik nur um die Wahrung oder Mehrung dieses einen Wertes zu kümmern.

Kapitel 2

Individualrechte und Gerechtigkeit – Bricht der Utilitarist alle Tabus?

1. Utilitarismus – eine inhumane Rechenübung?

Der Utilitarismus steht in dem Ruf, die Interessen des Einzelnen häufig für das kollektive Wohl zu opfern, die Menschenrechte zu unterwandern und es mit der Gerechtigkeit nicht so genau zu nehmen. Er wird als eine kalte, inhumane Rechenübung aufgefasst, bei der primär an ökonomischer Effizienz orientierte Rationalisten ihre zudem absurden Kalküle erstellen, die Unvergleichbares vergleichen. In unsere Terminologie übersetzt heißt dies, dass insbesondere der für den Utilitarismus entscheidende Wertmonismus als moralisch zu absurden Konsequenzen führend kritisiert wird. Ihm wird vorgeworfen, mit zentralen Intuitionen des Alltagsverstandes zu brechen. O. Höffe fasst diese Vorwürfe plakativ zusammen:

> Wenn von zwei möglichen Handlungen, die den gleichen kollektiven Gesamtnutzen hervorbringen, die eine den Nutzen auf eine kleine Zahl von Personen, die andere ihn auf viele oder alle verteilt, so sind utilitaristisch gesehen beide Handlungen gleichwertig. Nach unseren Gerechtigkeitsüberzeugungen dagegen würden wir die eine als ungerecht verurteilen und nur die andere als gerecht hervorheben. Wenn in Benthams hedonischem Kalkül jeder ohne Unterschied berücksichtigt wird, so ist damit nicht mehr als eine Minimalbedingung für Gerechtigkeit benannt. Das Ziel, der maximale Gesamtnutzen aller Betroffenen, lässt sich sehr wohl mit der rechtlichen und/oder ökonomischen Unterdrückung von Minderheiten oder einzelnen Personen vereinbaren. Eine Sklaven-

oder Feudalgesellschaft und auch ein Polizei- oder
ein Militärstaat wären nicht nur erlaubt, sondern sogar sittlich geboten, sofern sie nur so organisiert sind,
dass sie zwar extreme Eingriffe in den Freiheitsraum
einzelner Bürger, überdies extreme ökonomische und
soziale Ungleichheiten mit sich führen, gleichwohl einen maximalen Gesamt- oder einen maximalen Pro-
Kopf-Nutzen garantieren. Nach unserem sittlichen
Bewusstsein fordert aber die Idee der Gerechtigkeit
für jede einzelne Person eine Unverletzlichkeit, die
selbst durch das maximale Wohlergehen aller anderen
nicht beiseite gesetzt werden darf.[1]

Allerdings erwähnt Höffe nicht, dass das »Prinzip des
abnehmenden Grenznutzens« durchaus dafür sorgt, dass
Güter im Utilitarismus nicht beliebig ungleichmäßig verteilt werden. Jemand, der schon viele Güter hat, kann aus
einer zusätzlichen Mark weniger Nutzen ziehen, als jemand, der nur wenige Güter besitzt. Daher gibt es auch
im Utilitarismus eine Tendenz, Nutzen »von oben nach
unten« zu verteilen, die aber vielen nicht ausreicht.
    Die zitierten Vorwürfe haben starke Eingangsplausibili-
tät. Der Utilitarismus geht von einigen Basisintuitionen
aus, die sich breiter Zustimmung erfreuen, aber er stellt
diese Intuitionen über alle anderen und das führt zu Konflikten. Diese Konflikte sind in mancher Hinsicht sogar er-
wünscht, denn der Utilitarist versteht sich von jeher als Er-
neuerer, der gegen einen akzeptierten, konservativen Intui-
tionsbestand die Stimme der Vernunft erhebt. Andererseits
übertreiben manche Utilitaristen es mit diesem innovativen
Stachel auch deutlich und provozieren daher unangemes-
sen. Der Grad an Übereinstimmung von »Common Sense«
und Utilitarismus verhält sich positiv proportional zur Berücksichtigung so genannter externer Präferenzen im Uti-

1 Höffe (1975) S. 29.

litarismus.[2] Wenn man diese Präferenzen beachtet, werden die Konflikte mit dem »Common Sense« in einem erträglichen und sogar fruchtbaren Rahmen gehalten, denn der »Common-Sense« bedarf innovativer Impulse. Eine normative Ethik kann sich nicht darauf beschränken, alle Mehrheitsmeinungen konservativ zu affirmieren. Auch das erkennt Höffe treffend, wenn er fordert, eine Ethik müsse zeitgerecht, aber nicht zeitangepasst sein.[3]

2. Kindstötung: Singers und Tooleys Pro-Argumente

Beginnen wir mit einem Blick auf das bisherige Auftreten des Utilitarismus. Nehmen wir ein konkretes Beispiel. Besonders umstritten, da mit vielen Intuitionen im Konflikt, sind Stellungnahmen P. Singers oder M. Tooleys zur *Kindstötung*. Eine Kindstötung ist keine Sterbehilfe bei einem sterbenden Kind. Unter Kindstötung wird vielmehr die analog zur Abtreibung gelagerte Tötung eines neugeborenen Säuglings *im Interesse seiner Eltern* verstanden, die z.B. mit seiner permanenten starken Behinderung nicht belastet werden wollen. Singer will die Kindstötung (in seinen früheren Ausführungen zum Thema) bis zu vier Wochen nach der Geburt eines Kindes akzeptieren, Tooley bis zu einer Woche danach.[4]

Bei der utilitaristischen Rechtfertigung der Kindstötung werden von diesen Autoren die verschiedenen Interessen

---

2 »Externe Präferenzen, das sind Präferenzen deren Inhalt die Existenz oder Nichtexistenz oder die Befriedigung oder Frustration der Präferenzen anderer Leute enthält. Externe Präferenzen können moralische, benevolente oder altruistische Präferenzen sein, aber auch unmoralische, malevolente oder anti-soziale.« Fehige/Wessels (1998) S. XXVI (Übers. B. G.).

3 Höffe (1981) S. 14.

4 Singer (1984) S. 185 ff., Tooley (1990) S. 187. Singers Position hat sich verändert, jedoch nicht aus theoretischen, sondern nur aus pragmatischen Gründen. Vgl. dazu und zur Haltung Singers zu externen Präferenzen: Singer/Kuhlman (1998) S. 675 ff.

der »*primär*« beteiligten Parteien – Säugling und Eltern –
untersucht. Der Säugling hat diesem Ansatzpunkt folgend
kein Überlebensinteresse, denn über dieses verfügen erst
Personen, die dazu fähig sind, bestimmte Wünsche über
die Zeit hinweg aufrecht zu erhalten. Erst wenn zukunfts-
bezogene Wünsche von Individuen existieren, haben diese
ein *Lebensrecht*, denn der Tod wäre nur in diesem Fall ein
Schaden für diese Individuen, da sie eben ihre Wünsche
im Todesfall nicht realisieren könnten. Personen entstehen
nach naturwissenschaftlichem Urteil frühestens mit Beginn des vierten Lebensmonats. *Wenn ein neugeborener
Säugling noch keinen Überlebenswunsch hat, kann man
ihm kein Interesse an seinem Leben zuschreiben, und ohne
ein Interesse des Betroffenen an seinem Leben und Lebensrecht gibt es auch kein Lebensrecht für ihn.* Somit
zählt dieser Begründungsfigur zufolge nur das spontane
Interesse des Säuglings an Schmerzfreiheit. Da kein Lebensrecht existiert, können andere Interessen den Fall entscheiden, insbesondere das der Eltern eines z. B. stark be-
hinderten Kindes, die dieses ablehnen. Die Zeitspanne, in
welcher die Tötung erlaubt wird, wird aus Sicherheits-
gründen nicht bis zum Beginn des vierten Monats nach
der Geburt ausgedehnt, denn ganz genau kann der Zeitpunkt der Entwicklung erster rudimentärer Überlebens-
wünsche nicht bestimmt werden. Diese Position ist auf
heftige Kritik gestoßen, sie wird geradezu als Inbegriff eines Rückfalls der zivilisierten Welt in barbarische Sitten
verstanden. Hier werden Alltagsintuitionen extrem brüs-
kiert, viele sehen Individualrechte des Säuglings verletzt,
ja betrachten den Utilitarismus als eine Ethik, die einen
Mord an Unschuldigen rechtfertigt. Kann man mit der
utilitaristischen Methode der Abwägung der Interessen aller Betroffenen gar nicht anders, als Singers und Tooleys
Position zu akzeptieren?

Singers ursprüngliche Position zur Kindstötung wird
vor allem in der Öffentlichkeit kritisiert. Die Gegenreakti-

on ist häufig die, diese Öffentlichkeit als von Vorurteilen verblendet darzustellen. Religiöse und andere Irrlehren werden als irrationale Grundlagen der öffentlichen Meinung dargestellt, und eine radikalisierte Aufklärung wird gefordert. Auch damit machen sich die Utilitaristen nicht beliebt. An dieser Konfliktsituation lässt sich eine Kernfrage der Ethik insgesamt aufhängen. *Kann (angewandte) Ethik radikal reformerisch sein, oder darf sie die Orientierung an gängigen Intuitionen nicht verlieren?* Die Reformer verweisen darauf, dass Ethik eine *normative* Disziplin ist und dass eine Affirmation des bestehenden, oft gruppenegoistisch geprägten Ethos gerade nicht ihr Ziel sein kann. Jeder kritische Impuls der Ethik und jeder Ansporn zur *Verbesserung der Welt* würde in diesem Fall zum Erliegen kommen. Die Gegenseite argumentiert, eine radikal reformerische Ethik würde nur »blutleere Postulate« verkünden, die aufgrund ihrer Diskrepanz zum Ethos niemals außerhalb verschrobener Philosophenzirkel durchgesetzt werden könnten.[5]

Natürlich wollen auch die Utilitaristen nicht von allen Intuitionen[6] Abstand nehmen, was bereits dargestellt wurde. Allerdings werden im Utilitarismus alle Fälle anhand einer Ausarbeitung seiner basalen Intuitionen (vgl. die drei Prinzipien des Utilitarismus in 1.1) beurteilt, so dass zu vielen Alltagsintuitionen eine große Diskrepanz entstehen kann. Der eher konservativ Argumentierende muss sich allerdings fragen lassen, ob er die Ethik nicht gleich an Umfragen über vorherrschende Meinungen koppeln will. Zwar kann man selbst dann noch ein korrektives, aufklärerisches Potential gegen Intuitionen in Stellung bringen, jedoch kann man sie schwerlich *radikal* verändern.

---

5 Vgl. Bubner (1984) S. 173–183.
6 Zum Scheitern von Versuchen, den Utilitarismus ganz ohne moralische Intuitionen aufzubauen, vgl. Gesang (2002) und Gesang (2000a).

3. Welche Rationalitätsfilter braucht der Utilitarist?

Es gibt einen *Mittelweg zwischen reinem Konservatismus und reinem Revisionismus*, der mit dem Grundkonzept des Utilitarismus vereinbar ist, ja ihm sogar in höherem Maße entspricht, als die Verfahrensweisen Tooleys oder Singers. Es sind bereits ausbaufähige Ansätze für einen humaneren Utilitarismus vorhanden,[7] mit dem sich eine *Rückkopplung des Utilitarismus an weitverbreitete Intuitionen* gewinnen lässt. Diese kann helfen, die angesprochenen Provokationen mancher analytischer Bioethiker zu verringern. In seiner Ausgangskonzeption beruht jeder Utilitarismus auf dem Gedanken, die Interessen *aller* von einer Entscheidung Betroffenen bei seiner »Glücksbilanzierung« zu berücksichtigen, was auch P. Singer in seinen theoretischen Grundlagenstudien explizit betont, obwohl er von dieser Erkenntnis in der angewandten Ethik keinen hinreichenden Gebrauch macht.[8] Es ist augenfällig, dass auch z. B. diejenigen, die gegen Abtreibung demonstrieren und Mahnwachen vor dem Sitz des US-Präsidenten einrichten, von der Abtreibungsdebatte betroffen sind. Ihre vitalen Interessen werden durch Abtreibungsregelungen oder Regelungen zur Kindstötung berührt, ja einige machen es sich zur Lebensaufgabe, gegen solche Regelungen zu kämpfen. Singer macht sich den Umgang mit solchen Interessen einfach, wie das folgende Zitat aus einem Interview zeigt: »Frage: Und warum ist soziale Akzeptanz kein philosophisches Argument? Muss ein Utilitarist nicht auch die Interessen von Leuten berücksichtigen, denen manche Entscheidungen so unerträglich sind, dass sie meinen, damit nicht leben zu können? Singer: Nun, ich respektiere diese Interessen in dem Sinne, dass ich die Tatsache wahrnehme, dass sie existieren, und dass ich frage:

---

7 Vgl. Birnbacher (1997) S. 102; Railton (1988) S. 114 ff.
8 Zur theoretischen Situation: vgl. Singer (1993).

Welches würden die Konsequenzen sein, wenn man anders handeln würde? Aber damit wäre für den Utilitaristen die Sache beigelegt.«[9]

Ein humaner Utilitarist muss auch die Interessen von nicht direkt betroffenen Menschen in seine Berechnungen einbeziehen, *er kann sie nicht einfach als irrational abqualifizieren und unbeachtet lassen.* Genau dies scheint die utilitaristische Standardreaktion zu sein: Die meisten externen Präferenzen sind irrational, weil sie beispielsweise religiös-metaphysisch motiviert sind. Das mag ja vielfach richtig sein, aber es bedeutet nicht, dass diese Präferenzen nicht zu beachten wären. Um das zu verstehen, müssen wir den Begriff der Rationalität von Präferenzen genauer klären. Rationalitätsstandards können ein Filter sein, mit dem ein Ethiker bestimmte Meinungen als nicht berücksichtigungswürdig ausscheiden kann. Welche Präferenzen darf ein solcher Filter eliminieren?

Der humane Utilitarist kann zwar die *Rationalität* von Interessen einfordern, aber nur in einem ganz bestimmten »internen« Sinn. Berechtigt gehen fast alle Utilitaristen davon aus, dass im Idealfall nicht beliebige, sondern nur »aufgeklärte« Präferenzen zählen sollten. Damit ist grob gesagt gemeint: Die Betroffenen geben dem »Entscheider« einer strittigen Frage ihre Präferenzen an, von denen man ausgeht, weil sie in aller Regel recht gute Hinweise auf individuelle Gesamtbefriedigungszustände sind. Diese Präferenzen sind im Idealfall zuvor einem gewissen Prüfungsverfahren unterworfen worden. In dieser von R. Brandt ausgearbeiteten Prüfung wird z.B. thematisiert, ob die verschiedenen Präferenzen einer Person miteinander konsistent sind und ob sie auf korrekten faktischen Annahmen beruhen.[10] Eine Präferenz von x ist dabei genau dann

9 Singer/Kuhlman (1998) S. 675 ff.
10 Zur genaueren Konzeption der kognitiven Psychotherapie vgl. Brandt (1979). Zu einer sinnvollen Kritik und Weiterentwicklung vgl. Hinsch (1996).

intern irrational, wenn x *selbst* sie unter idealisierten Informationsbedingungen (Kenntnis und intensive Veranschaulichung aller relevanten Fakten und Folgen) nicht mehr hätte. Dieser Rationalitätsmaßstab ist »intern«, d.h. nicht z.B. auf Rationalität im Lichte moderner Wissenschaft bezogen, denn x selbst ist die Instanz, die über die Rationalität ihrer Präferenzen entscheidet. Eine Präferenz ist intern rational, wenn der Präferierende x sie nach Erhalt aller relevanten Information im Rahmen des Brandtschen Tests beibehält. Dies ist unabhängig davon, ob z.B. ein unseren externen Maßstäben nach besonders rationaler Naturwissenschaftler diese Präferenz für rational hält. x wird nicht in irgendeiner Weise bevormundet, sondern es wird gewährleistet, dass die faktischen Präferenzen von x nicht auf einer Unachtsamkeit, einer Laune, einem Irrtum u.Ä. beruhen. Zuvor muss man sicherstellen, dass x nicht psychisch krank oder aus anderen Gründen unzurechnungsfähig ist. Es muss erkundet werden, ob die faktischen Präferenzen von x auch seine *wahren Präferenzen* sind. Dafür ist eine Aufklärung im Sinne Brandts ein Test, bei dem Rationalität relativ zu den Maßstäben von x sichergestellt wird, nachdem eine Konfrontation der Präferenzen mit den Brandtschen Rationalitätsstandards stattgefunden hat. Es soll nicht behauptet werden, dass alle faktischen Wünsche von x nicht zählen und nur die Wünsche relevant sind, die x in einer idealen, vielleicht nie erreichbaren Informationssituation hätte. *Aber es gilt, Wünsche umso stärker zu gewichten, je weniger Indizien dafür sprechen, dass sie bei einer Rationalitätsprüfung nach Art des Brandtschen Modells vom wünschenden Individuum selbst verworfen würden.*

Weshalb kann man von interner Rationalität nur dann ausgehen, wenn eine Konfrontation der je eigenen Rationalitätsmaßstäbe mit dem Brandtschen Testverfahren, also einem für manche vielleicht externen Rationalitätsmaßstab, stattgefunden hat? Weshalb sollte das etwas wünschende Individuum überhaupt einen Rationalitätsfilter für seine Präferenzen akzeptieren? Die Brandtsche Prüfung und die von uns mit Bezug auf diese definierte interne Rationalität wird im Interesse jedes Handelnden liegen *und in Form irgendwelcher Vorstufen auch seinen eigenen Rationalitätsmaßstab prägen*, denn sonst wird er seine eigenen Handlungsziele oft nicht erreichen. Das wünscht kein Akteur. Es ist eine empirisch belegbare statistische Regel, dass Akteure, die eine Brandtsche Rationalitätsprüfung durchlaufen haben, häufiger ihre Ziele erreichen werden, als irrationale Akteure. Brandts Test ist folglich ein Teil der internen Rationalitätsmaßstäbe jedes Akteurs, denn ohne ein Mindestmaß an Information und Konsistenz kommt man schon im einfachsten Alltag nicht aus. Je geringer der interne Rationalitätsgrad von Interessen, desto höher ist die spätere *Frustrationsanfälligkeit.* Um überhaupt handelnd Zwecke erreichen zu können, ist ein Mindestmaß an Information, Konsistenz usw. erforderlich, sonst werden die Akteure systematisch frustriert. Daher wird jeder Akteur einen mindestens latenten Wunsch nach über Brandts Test definierter interner Rationalität haben. An diesen Wunsch kann der Utilitarist anknüpfen, er legitimiert die Verwendung des internen Rationalitätsmaßstabs durch den Utilitaristen. Dass externe Irrationalität hingegen auch zu Frustrationen führt und daher ein Grund für den Akteur x besteht, diese Irrationalität zu vermeiden, ist nicht notwendig, wenngleich doch auch nicht selten der Fall.

Auch in mythisch-schamanischen Weltbildern lebende Eingeborene können glücklich werden. Sie haben nach unseren gängigen naturwissenschaftlichen externen Rationalitätsstandards falsche Überzeugungen, denn sie *erklären* die Fakten ihrer Lebenswelt falsch. Aber diese externen Rationalitätsdefizite schlagen sich nicht unbedingt in Frustrationserlebnissen nieder. (Sie können es natürlich prinzipiell gleichwohl, wenn z. B. auch das hundertste Gebet um Regen unerhört bleibt.) Es ist nicht so wichtig zu wissen, ob der Donner von den Göttern kommt oder ein Naturphänomen ist, aber es ist für jeden wichtig zu wissen, dass man sich bei Gewittern nicht als höchster Punkt auf freien Flächen aufhalten sollte. Zudem wäre es paternalistisch und standpunktrelativ, voll informierten Individuen externe Rationalitätsmaßstäbe aufzuzwingen. Mit derartigen Manövern operieren ja die nicht unproblematischen objektiven Glückstheorien, und hier gilt es, eine deutliche Grenze zu ziehen.

Im Sinne interner Rationalität haben also unaufgeklärte Wünsche für den Besitzer dieser Wünsche ein höheres »Frustrationspotential« als aufgeklärte Wünsche (diesen Terminus gebrauche ich synonym für »intern rationale Wünsche«). Ein Beispiel: x beurteilt die Fakten in der Welt nicht richtig und wünscht deshalb W. Später melden sich die Fakten dann zu Wort, und x wird z. B. deshalb frustriert, weil sich nach der Realisierung von W die angestrebte Befriedigung nicht einstellt. Natürlich: Manchmal »melden sich die Fakten nicht zu Wort«, und man kann im Einzelfall mit Illusionen sehr glücklich werden, ja vielleicht im Ausnahmefall glücklicher als mit aufgeklärten Wünschen. Allerdings: Für den Entscheider eines Interessenkonflikts, der Wünsche unterschiedlicher Aufklärungsgrade zu gewichten hat, spricht einiges dafür, aufgeklärte Wünsche stärker zu gewichten: Unaufgeklärte Wünsche sind in der statistischen Regel viel anfälliger für Frustrationen als aufgeklärte, und der Utilitarist will ja Befriedigung maximieren und nicht Frustrationen produzieren. Man kann diese Frustrationen nicht mit Gewissheit voraussagen, denn die Fakten könnten sich in der Tat nicht »zu Wort melden«, aber der Utilitarist kann gar nicht anders, als sich hier an allgemeinen Wahrscheinlichkeiten zu orientieren. Interne Aufklärung ist offenbar eine graduelle Frage, denn unsere Informationsbedingungen sind nie perfekt. Das eröffnet die schwierige Frage, *wie viel interne*

Aufgeklärtheit nötig ist, um einen Wunsch voll zu gewichten. Dafür gibt es kein klares allgemeines Kriterium. Allerdings ist die Entscheidung auch nicht völlig willkürlich: Der Utilitarist will ja mit dem internen Rationalitätspostulat nur sicherstellen, dass die ihm vor einer Entscheidung verfügbaren Präferenzangaben auch wirklich einen Hinweis auf die spätere Befriedigung der Präferenzträger bieten. Es muss dem Präferenzträger folglich so viel Information zur Verfügung stehen, dass zukünftige Frustrationen weitgehend vermieden werden, und das kann man in konkreten Entscheidungssituationen oft gut abschätzen. Dieser *Relevanzmaßstab* lässt sich in Beispielen anwenden (s. im vorliegenden Band S. 63 f.).

Wenn manche Utilitaristen wie im obigen Beispiel etwa Interessen von Abtreibungsgegnern als irrational abweisen wollen, wird dabei ein Rationalitätsmaßstab eingeführt, der z. B. auf religiöse Weltbilder angewendet wird – ein klarer Fall *externer Rationalität*. Ob Interessen auf vielleicht schlecht begründbaren religiösen oder sonstigen Überzeugungen basieren, ist eine für den Utilitaristen erst einmal irrelevante Frage. Vielleicht kann der Utilitarist Menschen auch von seinen externen Rationalitätsmaßstäben überzeugen. Das sollte er versuchen, besonders weil sich auch externe Rationalitätsdefizite auf die Dauer in Frustrationserlebnissen niederschlagen können. Aber solange seine externen Maßstäbe nicht zu internen Maßstäben der Betroffenen geworden sind, bleiben sie irrelevant.

Allerdings kann jede rationale Kritik elementarer Wünsche irreparable emotionale Schäden an einer Person zurücklassen. Rationalität liegt in manchen Situationen nicht im Interesse jeder Person. Manche können sie – bezogen auf ein bestimmtes Problem – nicht ertragen, auch wenn kein Akteur allgemein zumindest ohne minimale interne Rationalität auskommt. Vielleicht sollte man also nicht jeden Betroffenen in jeder Situation aufklären. Intern gut aufgeklärte Interessen müssen jedoch aus der Perspektive des neutralen Entscheiders immer stärker zählen als weniger aufgeklärte, denn es ist einfach wahrscheinlicher, dass sie zu Nutzen im Sinne der Befriedigungstheorie und nicht zu Frustrationen führen. *Solange aber intern rationale Präferenzen gleich welcher externen Rationalität bestehen, zählen sie selbstverständlich bei einer utilitaristischen Bilanzierung.* Sonst wäre das Ausmaß des Paternalismus so groß, dass man gleich zu objektiven Glückstheorien übergehen könnte. Durch die Verwendung eines bloß internen »Rationalitätsfilters« lassen sich im humanen Utilitarismus öffentliche Meinungen und emotionale Abwehrreaktionen (selbst beim Verdacht externer Irrationalität) in die Interessenabwägung einbeziehen, und darin besteht das zentrale Instrument des humanen Utilitarismus.

4. Die Instrumente des humanen Utilitarismus

Was passiert, wenn eine große Zahl der Bürger angibt, Homosexualität abzulehnen? Muss man dann dieser antiliberalen Intoleranz einen Raum geben, weil sie auf externen Präferenzen beruht, die zu berücksichtigen sind? Hier muss der humane Utilitarist Befürchtungen ausräumen. Dem Gegner der Homosexualität könnte man begegnen, indem man verschiedene Instrumente auf ihn anwendet, deren sich der humane Utilitarismus bedienen kann und deren Auflistung seine Position in wesentlichen Zügen charakterisiert.

(1) *Aufweisen von Rationalitätsdefiziten*: Man könnte bezweifeln, ob die Meinung dessen, der Homosexualität eingeschränkt wissen will, wirklich intern rational ist. Hat er sich *lebhaft verdeutlicht*, was dies für die Homosexuellen bedeutet? Oder hat er diese Folgen verdrängt, würde sie aber, wenn sie ihm bewusst werden, nicht wünschen? Vielleicht wird er seine Entscheidung bereuen, wenn er ir-

gendwann in der Zukunft einen Homosexuellen ur
sen Perspektive kennen lernt, was in einer Informationsgesellschaft nicht unwahrscheinlich ist. Diese Frage kann
man immer stellen und z. B. durch intensive Befragung zu
klären versuchen. Wenn erhebliche Zweifel daran bestehen, dass der Gegner der Homosexualität sich mit diesen
Fragen eingehend beschäftigt hat, kann man ihn entweder
veranlassen dies nachzuholen, oder man braucht seine
Präferenz gar nicht oder nur eingeschränkt zu gewichten,
je nach Aufklärungsgrad. Man kann m. E. sogar so weit
gehen, manche Interessen von Bewohnern von Staaten, die
nicht über Pressefreiheit und über ein indoktrinäres Erziehungssystem verfügen, aufgrund des Verdachts interner
Irrationalität anzuzweifeln.

Dazu ein anderes Beispiel: Wenn es eine Umfrage geben
würde, in der sich die Mehrheit der Chinesen gegen persönliche Autonomie und Meinungsfreiheit als Bestandteile
des guten Lebens aussprechen sollte, dann wäre diese Entscheidung dem begründeten Verdacht interner Irrationalität
ausgesetzt. Wenn Menschen mehrheitlich einer indoktrinären Erziehung und unfreien Medien ausgeliefert sind, dann
muss angezweifelt werden, ob so entstandene Überzeugungen mehrheitlich intern aufgeklärt sind. Weder durchschaut
die Mehrheit der Chinesen die Genese vieler ihrer Überzeugungen, da nicht auf die Mechanismen eines totalitären
Erziehungssystems reflektiert wird; noch kennen Chinesen
mehrheitlich alle relevanten Fakten über eine autonome Lebensführung, weil sie weder in der Erziehung noch durch
die Medien umfassend informiert werden und Lebensstile
vergleichen können. *Pluralismus und Meinungsfreiheit
können unter den empirischen Bedingungen unserer Lebenswelt notwendige Bedingungen für das Entstehen intern
rationaler Präferenzen sein, denn ohne sie fehlen den Präferenzträgern hochgradig relevante Informationen.*

Ist der Vergleich von Lebensstilen eine relevante Information für die Chinesen im Beispiel? Hier können wir

unseren im letzten Abschnitt formulierten Relevanzmaßstab testen. Es lässt sich leicht deutlich machen, dass sich
die Abschottung eines Staates gegen das Wissen von liberalen Lebenskonzepten im »Informationszeitalter« nicht
dauerhaft durchhalten lässt. So könnten die Chinesen in
absehbarer Zeit Informationen über autonome Lebens-
konzepte erhalten, so dass ihre Wünsche, die vielleicht zuvor gegen solche Autonomiekonzepte gerichtet waren,
sich als suboptimal entpuppen und eine Frustration erfolgt. Das zeigt, dass Vergleichsmöglichkeiten mit anderen
Kulturen für die Chinesen relevante Informationen bezüglich der internen Rationalität darstellen, denn ohne
diese Informationen sind zukünftige Frustrationen wahrscheinlich. Staaten oder Kulturen bzw. Gesellschaften,
welche die Bedingungen der Pluralität und Meinungsfreiheit nicht gewährleisten, können einem Konsens aufge-
klärterer Kulturen über die Relevanz von Autonomie und
die mit ihr verbundenen Menschenrechte wenig entgegen-
setzen. Das könnte man z. B. den Chinesen anhand ihrer
eigenen Wertmaßstäbe demonstrieren, denn auch sie werden den Wert interner Rationalität als Bedingung erfolg-
reichen Handelns schlechthin akzeptieren. Interne Rationalität schützt vor späteren Frustrationen, die sich kein
Akteur wünscht. Die eventuellen Entscheidungen der
Chinesen gegen mehr persönliche Autonomie wären anhand dieses von ihnen geteilten Maßstabes kritisierbar.
Diese Argumentation kann den Utilitarismus beim Pro-
blemfeld Menschenrechte/Gerechtigkeit vom Vorwurf be-
freien helfen, Minderheiten nicht gegen antiliberale Präferenzen schützen zu können.

(2) *Präferenzerziehung, Präferenzverschiebung und Präferenzsubstitution*: Ein Utilitarist sollte manchmal auf
die Erstellung einer idealen bzw. idealeren Präferenzlage
hinarbeiten.[11] Als Utilitarist sucht er nach *maximalen*

11 Vgl. Hare (1992) S. 203–206.

Nutzenwerten, und die sind beispielsweise in einer Gesellschaft, welche die Rechte von Minderheiten nicht beschränkt oder missachtet, immer leichter zu erreichen. Wenn eine Minderheit »für die Mehrheit geopfert« wird, dann gibt es viele, die eventuell davon profitieren und einige, die darunter vehement leiden. Anstrebenswert wäre eine *utilitaristisch idealere Präferenzlage*, in der alle profitieren, weil niemand das Interesse hat, die Minderheit zu opfern. Die Nutzensumme wäre hier jedenfalls größer, als wenn man höchst intensive Interessen von Minderheiten übergehen muss. Daher bietet der Utilitarismus *immer* einen Anreiz, die Realisierung einer idealen Präferenzlage anzustreben, in der es keine Opfer gibt. Gleichgültig welche Konstellation verspricht, die Nutzensumme sehr hoch ausfallen zu lassen: Solange es Opfer in dieser Konstellation gibt, könnte man diese verbessern, indem man die Opfer vermeidet. Opfer leiden, und Leiden verringert immer die Glücksbilanz. *Jede Präferenzlage, in der es Opfer gibt, kann der humane Utilitarist deshalb als ethisch suboptimal kritisieren.* An dieser Stelle stimmt er vortrefflich mit unseren gängigen Humanitätsintuitionen überein.

Um idealere Präferenzlagen zu begünstigen, stehen dem Utilitaristen mehrere Mittel zur Verfügung: Er kann Präferenzen erst gar nicht entstehen lassen bzw. sie erwecken (*Präferenzerziehung*), er kann bestehende Präferenzen verändern (*Präferenzverschiebung*), oder Trägern bestehender Präferenzen ein Substitut für die Erfüllung ihrer nach wie vor existenten Präferenzen anbieten (*Präferenzsubstitution*).

Ein Beispielfall für die *Präferenzerziehung*: Die Gesamtbefriedigung wäre größer, wenn es keine Präferenzen gegen die Homosexualität geben würde, weil man schon in der Erziehung das Entstehen solcher Präferenzen verhindert hat. Dann gäbe es keinen Grund, die Homosexuellen einzuschränken, und niemand würde leiden.

Ein Beispiel für *Präferenzverschiebung*: Nehmen wir die Römer, die sich an Gladiatorenspielen erfreuen, bei denen aber eben Gladiatoren getötet werden: Würden die Römer sich mit einer »Holodeckimitation« (eine Erfindung in *Star Trek*-Filmen, eine irreale Welt, in die Crewmitglieder sich begeben können und in der ihnen perfekte Hologramme begegnen, die mit ihnen genau wie Personen der realen Welt interagieren) solcher Spiele begnügen, hätten sie vielleicht dieselben oder nur wenig geringere Befriedigungsgefühle. Die Befriedigungssumme bei den Gladiatoren wäre hingegen erheblich höher, so dass die Gesamtbefriedigung stiege. Man könnte das erreichen, indem man nur noch Holodeckspiele anbietet und dann hofft, dass sich die Römer daran gewöhnen und dass ihre »blutrünstigen« alten Präferenzen durch die Gewöhnung erlöschen. Eine Zeit lang werden sie die Holodeckspiele belächeln, dann aber genauso »mitgehen« wie bei echten Gladiatorenspielen.

Ein Beispiel für *Präferenzsubstitution*: Die schlechten Präferenzen der Römer bleiben unverändert, aber man gibt ihnen ein Substitut, das sie diesen schlechten Präferenzen immer schon vorgezogen oder wenigstens gleichgestellt haben. Ein weiser utilitaristischer Cäsar gibt es manchmal auf, dem Interesse an Gladiatorenspielen ähnliche Interessen der Römer zu erwecken und zu befriedigen. Er gibt ihnen bei Verzicht auf Spiele ein Substitut, das sie genauso befriedigt wie die Spiele es tun, z.B. eine neue Toga im Jahr. Fast alle Freuden der Erfüllung einer Präferenz x sind ja durch hinreichend große andere Freuden der Erfüllung von y aufzuwiegen. Dann müsste man nur die »Kosten« des Substituts und den Nutzen für die Gladiatoren bezüglich der Gesamtglücksbilanz vergleichen, die Substitute dürften also nicht beliebig »teuer« sein. Die Präferenzsubstitution ist ein Grenzfall der Präferenzverschiebung. Da Präferenzverschiebung der etabliertere Begriff ist, werde ich auch Substitution und Erziehung im weiteren unter diesem Oberbegriff zusammenfassen.

Jede Einschränkung von Liberalität oder gar von Menschenrechten kann der Utilitarist mit Verweis auf mögliche Präferenzverschiebungen zumindest als ethisch *nicht ideal* kritisieren. Solche Einschränkungen implizieren Opfer, und eine Welt ohne solche Opfer wäre besser, da Opfer immer die Nutzensumme verringern. Daher ist das Nutzenmaximierungspotential in einer Welt mit Opfern nicht ausgeschöpft. Dem Streben nach Präferenzverschiebung sind aber *faktische Grenzen* gesetzt, denn Präferenzen sind aus anthropologischen Gründen nicht beliebig veränder- oder substituierbar, und die Kosten für Substitute können manchmal zu hoch sein. Gleichwohl gibt es einen starken Anreiz, sich um Präferenzverschiebungen zu bemühen. Die Ausübung »böser Präferenzen« bringt in der Regel Leid in die Welt, und deshalb wird man beispielsweise bei einer utilitaristisch ausgerichteten Erziehung solche Präferenzen bekämpfen, denn andere Präferenzen sind eben moralisch bezüglich der Nutzenmaximierung vorziehenswert. Hier treffen sich Utilitarismus und Alltagsintuition erneut.

Führen Präferenzverschiebungen aber nicht zu *Autonomieverletzungen* derer, deren Präferenzen verändert werden? Kritiker sehen alle Präferenzen von Individuen durch das Präferenzverschiebungsverfahren prinzipiell zur Disposition gestellt: Bei jedem Konflikt müsse man überlegen, ob eine Präferenzverschiebung ihn nicht auflösen würde.[12] Das könne zu einem Ausufern von Präferenzverschiebungen und utilitaristischen Umerziehungsprogrammen führen, was die *Autonomie der Individuen* beschädigen würde, wie A. Kusser ausführt: »Die Frustration und Verformung dieser Präferenzen ist umso autonomieverletzender, als die Umerziehung, anders als bei paternalistischen Eingriffen, nicht zum Wohle des ›Zöglings‹

12 Kusser (1995) S. 134.

geschieht, sondern zur Maximierung des allgemeinen Glücks.«[13]

Bedeutet diese Kritik aber nicht, jede Moral zu kritisieren? Fast jede Moral beschränkt Autonomie, um das zwischenmenschliche Zusammenleben zu verbessern, was nicht notwendig im Eigeninteresse dessen liegt, dessen Autonomie beschnitten wird. Eine der Hauptaufgaben jeder Moral ist es beispielsweise darauf zu drängen, die *Handlungsfreiheit* von Verbrechern usw. einzuschränken und von vornherein zu verhindern, dass Individuen heranwachsen, die verbrecherische Präferenzen haben. Mehr als die Handlungsfreiheit würde ein utilitaristischer Cäsar, der nur noch Wagenrennen in Rom erlaubt, aber nicht einschränken, denn er nähme gar keinen direkten Einfluss auf die Präferenzen der Römer. Die würden hoffentlich ganz von allein neu konditioniert. Moralische Erziehung wird allgemein als sinnvoll angesehen, und mehr ist Präferenzerziehung nicht. Wo liegt also die gefährliche Besonderheit der Präferenzverschiebung, mit der sie über das übliche und legitime Maß der Autonomiebeschränkung hinausgeht?

Der Begriff »Umerziehung« suggeriert gegenüber dem Begriff »Erziehung« ein Gewaltmoment, daher der Verdacht möglicher Autonomieverletzung. Aber dieses Gewaltmoment muss gar nicht gegeben sein. Es kommt dabei auf die technische Durchführung der Präferenzverschiebung an. Wäre eine Gehirnwäsche beabsichtigt, hätten die Kritiker Recht. Aber kein utilitaristischer Vorschlag läuft darauf hinaus. Ganz andere Durchführungstechniken müssen bei Präferenzverschiebungen angenommen werden: Der Utilitarist kann für neue Präferenzen werben, indem er versucht, Sensibilität für die Leiden der Opfer der alten Präferenzen zu erwecken oder indem er schlicht Anreize schafft, auf neuen Wegen glücklich zu werden: Wagenrennen statt Gladiatorenspiele in Rom anbieten.

---

13 Kusser (1995) S. 134.

Man kann zudem *die Ausübung* mancher Präferenzen verbieten, aber das ist ein übliches Mittel jeder Moral und wirkt ja nicht direkt auf die Existenz und Beschaffenheit der Präferenzen selbst ein. Die »böse Präferenz« wird nicht sanktioniert, sondern nur eine ihr gemäße Handlung, so dass auch hier kein Zwang zur Entwicklung neuer Präferenzen ausgeübt wird. Solange man bei Präferenzverschiebungen keine Gehirnwäsche ausüben wird, bleibt die Entwicklung neuer Präferenzen ein autonomer Vorgang. Es gibt vielleicht gewisse Anreize für neue Präferenzen (das Angebot von Wagenrennen), aber ob ein Individuum solche Präferenzen ausbildet, bleibt ihm autonom überlassen: Die Gedanken und Gefühle sind eben doch frei.[14] Dass man eine moralische Erziehung bei Kindern ausübt und dass der Utilitarist dafür plädieren wird, Kinder so zu erziehen, dass sie sozialverträgliche Präferenzen ausbilden, scheint mir nicht nur nicht kritisierenswert, sondern im Gegenteil: Wäre dies nicht der Fall, dann läge ein Defizit vor.

Fazit: Bei allen gerade erörterten Techniken der Präferenzverschiebung liegt keine außergewöhnliche Beeinträchtigung der Autonomie der Individuen vor. Jede Präferenzverschiebung ist mit Kosten verbunden und unterliegt empirischen Hindernissen. Daher werden Verschiebungsversuche bei bereits existierenden Präferenzen nur dann die Regel sein, wenn diese Präferenzen für einige Betroffene sehr schädlich sind oder andere Präferenzen einigen Betroffenen extreme Nutzengewinne verschaffen würden, und dann sind solche Versuche nicht nur erlaubt, sondern geboten.

(3) *Wahrung langfristiger Gesamtinteressen und struktureller Rationalität*: Würde man der Forderung des Geg-

---

14 In ihrem Klassiker zum »informed consent« zeigen Beauchamp und Faden, dass diverse Formen der Manipulation die Autonomie von Individuen nicht außer Kraft setzen, so dass man die meisten Techniken der Präferenzverschiebung nicht in einen Konflikt mit der individuellen Autonomie bringen muß. Faden/Beauchamp (1986) S. 259, 354 f.

ners der Homosexualität nachgeben, dann würde man
vielleicht auch allen gleichartigen antiliberalen Forderungen auf anderen Gebieten nachgeben müssen – ein
Dammbruch droht. Es ist kaum möglich, isolierte punktuelle Nutzenmaximierungen vorzunehmen, also z.B. nur
die Gegner der Homosexualität zu bedienen. Mit den gleichen Gründen müsste man dann auch allen möglichen anderen antiliberalen Präferenzen Raum geben, was einem
Dammbruch gleich käme. Fände ein solcher statt, würde
das unsere Gesellschaft nachhaltig verändern. Wir würden
eventuell in einem Maße zu einer antiliberalen Gesellschaft übergehen, dass dies für die überwiegende Mehrheit
einen eklatant unerwünschten Wandel bedeuten würde.
Solange die Mehrheit der Bürger eine solche Gesellschaft
ablehnt, kann man das Anliegen des Antiliberalen als humaner Utilitarist auch im Einzelfall zurückweisen, sofern
hinreichende Anhaltspunkte für einen nicht völlig un-
wahrscheinlichen Dammbruch gegeben sind.[15] Hier zählen nämlich die langfristigen Interessen der Mehrheit der
Gesellschaft an einer bestimmten Gesellschaftsordnung
weit mehr, als die Interessen einiger antiliberaler Sonder-
linge. Auch der ausschließliche Vergleich der Interessen
des Gegners der Homosexualität und des Homosexuellen
ist folglich für den humanen Utilitaristen »verkürzt«, umfasst nicht alle relevanten Dimensionen. *Ein humaner Utilitarist wird jedenfalls darauf achten, was »all things considered« den Interessen der Lebewesen entspricht.* Deshalb
sollte er nicht einzelne punktuelle Nutzenmaximierungen
vollziehen, sondern *strukturelle Rationalität* wahren und
von einer Antizipation des langfristigen Gesamtinteresses
ausgehen.

Der humane Utilitarismus geht nicht vom punktuellen
Optimierer aus, sondern von einem Optimierer, der nicht
jede einzelne Handlung, sondern *Endergebnisse von*

---

15 Zum rationalen Umgang mit Dammbruchargumenten vgl.: Guckes (1997).

Handlungsketten evaluiert.[16] Folglich kann der humane Utilitarist manche Praktiken als utilitaristisch gerechtfertigt darstellen, obwohl sie bezogen auf Einzelhandlungen zu (akt-)utilitaristisch suboptimalen Ergebnissen führen. Der humane Utilitarist ist nicht der Sklave eines verkürzten Kalkülverfahrens, sondern er kann ungebunden darauf schauen, was letztendlich in »finaler Perspektive« – »all things considered« – die nützlichste Handlung oder Motivwahl usw. ist.

Gegen den punktuellen Optimierer können primär zwei Probleme der Folgenoptimierung angeführt werden, wobei Ersteres dem Letzteren untergeordnet werden kann: (a) *Langzeitfolgen*: Punktuelle Rationalität, die sich von Handlung zu Handlung entfaltet, entwickelt sich im »Jetzt«, denn auf Zeithorizonte zu schauen, die jenseits der Einzelhandlung gelagert sind, ist einer solchen Vorgehensweise fremd. (b) *Strukturelle Rationalität*: Punktuelles Optimieren antizipiert kein Bild vom Endzustand aller je für sich optimierten Handlungen in ihrem komplexen Zusammenwirken, sei es auf diachroner oder synchroner Ebene. Daher werden Einzelhandlungen unkoordiniert optimiert und ideale komplexe Handlungsaggregate von punktueller Optimierung vereitelt. J. Nida-Rümelin fordert strukturkonformes Optimieren ein, das sich wie folgt charakterisieren lässt: »Strukturkonformität heißt, das diachrone Vorgehen fiktiv durch ein synchronisches zu ersetzen, d.h. sich so zu verhalten, *als ob man nur eine Entscheidung zu treffen hätte*.«[17] Beide Probleme kann ein humaner Utilitarismus lösen, denn er optimiert *Handlungsketten bzw. auf komplexe synchrone Strukturen angewandt Handlungssysteme*, d.h. er muss notwendig auf Langzeitfolgen und komplexe synchrone Verflechtungen achten und entscheidet über die Handlungsketten und

16 Dancy (1993) S. 247.
17 Nida-Rümelin (1993) S. 128.

Systeme tatsächlich in einer einzigen Entscheidung, die dann in ihrer Bedeutung für die einzelnen Elemente aufzuschlüsseln ist.

(4) *Beachtung aller externen Präferenzen*: Wenn eine Mehrheit in einer Gesellschaft z. B. Homosexualität toleriert und Antiliberalismus ablehnt, dann wird diese Mehrheit Präferenzen über die Präferenzen der antiliberalen Gegner der Homosexualität haben, die eventuell ausreichen, um diese Gegner zurückzuweisen, selbst wenn die Präferenzen der Antiliberalen im direkten Vergleich mit denen der Homosexuellen überwiegen würden. Wenn die Präferenzen der Gegner der Homosexualität zählen, dann zählen auch die der Gegner der Gegner der Homosexualität. Im Fall der Abtreibungs- und Kindstötungsgegner wird die Anwendung dieses Verfahrens wahrscheinlich wie folgt ausgehen: Die Präferenzen der gesellschaftlichen Mehrheit über Kindstötungen und Abtreibungen sind viel eindeutiger ablehnend als die über Homosexualität. Die Ablehnung von Kindstötungen ist maximal und die von Abtreibungen ist wohl deutlich größer als die von Homosexualität. Daher werden erstgenannte externe Präferenzen abgestuft Einfluss erhalten, während letztgenannte durch liberale externe und intensive interne Präferenzen überwogen werden dürften.

Mit *Gerechtigkeitsproblemen* müsste der Utilitarist genauso verfahren, wie gerade gezeigt und neben den Präferenzen der »Primärbetroffenen« die intern rationalen externen Präferenzen der Bürger an Gerechtigkeit mitzählen. Auch hier könnte der Utilitarist auf das vorhandene Interesse vieler Menschen an einer gerechten nationalen und globalen Ordnung hinweisen, das im von J. Rawls beschriebenen »Gerechtigkeitssinn« wurzelt.[18] Dieser Sinn ist immerhin eines der stärksten Gefühle, das Menschen leitet. Man kann z. B. schon bei kleinen Kindern beobach-

18 Rawls (1993, 1979) S. 66.

ten, dass diese kaum etwas mehr aus der Fassung bringen kann, als ein Ungerechtigkeitsempfinden, und sei es nur anlässlich der Verteilung von Kuchenstücken. Eine Mehrheit der aufgeklärten Menschen wünscht eine gerechte Welt, auch wenn sie dafür keine großen Opfer bringt. Das kann man an der regelmäßigen Empörung ablesen, die z. B. bei utilitaristischen Gedankenexperimenten entsteht, in denen ein unschuldiger Einzelner für den Nutzen einiger weniger anderer geopfert und so eine extrem ungleiche Nutzenverteilung realisiert werden soll. Die Existenz dieser externen Gerechtigkeitspräferenzen ist – neben den jeweiligen internen Interessen – ein starker Grund für die Beachtung von Gerechtigkeit im Utilitarismus.

Könnte man diesen Vereinbarungsversuch von Nutzen und Gerechtigkeit nicht als Mogelpackung zurückweisen? Wenn wir alle Utilitaristen werden und einsehen, dass Nutzenmaximierung und nicht Gerechtigkeit zählt, müsste unser Gerechtigkeitssinn dann nicht verschwinden, womit Gerechtigkeit dann nicht mehr unter unseren Präferenzen wäre und daher nicht weiter beachtet werden müsste? Müssten wir nicht auf eine derartige Präferenzverschiebung hinwirken und einige der externen Präferenzen, welche die Konvergenz des Utilitarismus mit Alltagsintuitionen und somit die Humanität des Utilitarismus sichern, gerade bekämpfen? Dieses Argument zeigt etwas, aber nicht das, was es zeigen will. Für uns ist es de facto eben von Nutzen, dass Dinge auf eine bestimmte gerechte Art verteilt werden. Eine ungerechte Welt empört uns, und eine gerechte Welt macht uns wenigstens etwas glücklicher. Diese Emotionen werden jederzeit in den Nachrichtensendungen abgerufen. Gerechtigkeit ist im humanen Utilitarismus eine Art von Nutzen, denn sie verschafft vielen Präferenzen Befriedigung. Aber erhielte man ohne Gerechtigkeitspräferenzen nicht noch mehr Nutzen? Eine Präferenzverschiebung, die den Gerechtigkeitssinn abschaffen will, wäre erstens kaum möglich, da sie wohl in unsere anthropologische Substanz eingreifen müsste. Zweitens wäre sie völlig unbegründbar, denn Präferenzverschiebungen sind ja nur für Präferenzen sinnvoll, die eklatant schaden. Aber der Gerechtigkeitssinn nützt uns insgesamt besehen massiv, denn Gerechtigkeit nützt uns unter dem Gesichtspunkt struktureller Rationalität (Stichwort: sozialer Frieden), auch wenn Gerechtigkeit in Einzelfällen – punktuell betrachtet – zu Nutzeneinbußen führen kann.[19]

Aber: Müsste man dann nicht die existierende pauschale Gerechtigkeitsneigung differenzieren bzw. im Falle anderer externer Präferenzen, die nicht so nützlich wie die Gerechtigkeit sind (z.B. die Abtreibungsgegnerschaft), mit Präferenzverschiebungen reagieren? Zum einen wird hier so getan, als könnten Präferenzverschiebungen beliebig eingesetzt werden, aber sie sind ein komplexes Unterfangen, das nur bei extremen Nutzeneinbußen durch externe Präferenzen Sinn macht und auch dann nicht immer erfolgreich ist, zumal seine Durchführung größte Anstrengungen und hohe Kosten erfordert. Auch unsere Differenzierungsfähigkeit ist ein nicht beliebig ausdehnbares Gut.[20] Präferenzverschiebungen sind eine *Notbremse in Extremsituationen*, kein Instrument zur regelmäßigen Konfliktlösung.

In manchen extremen Fällen sollten sich Utilitaristen allerdings bemühen, manche externe Präferenzen zu verändern, die vielleicht auch bislang die Humanität des Utilitarismus bewahrt haben. Was folgt daraus? Verliert der Utilitarismus in diesen Fällen damit seine Humanität? Wenn die Bemühungen des Utilitaristen wirklich erfolgreich waren und eine Präferenzverschiebung in den besagten Fällen stattgefunden hat, *dann hat sich auch der Humanitäts-*

---

19 So schon Hume: Hume (1955, 1929) S. 136.
20 Wir können de facto nicht alle »Erzengel« im Sinne Hares werden, vgl. Hare (1992) S. 91–100.

begriff verschoben! Es gibt dann eben kaum noch jemanden, der die alte Position für human hält, denn die Präferenzen *und Intuitionen* haben sich geändert. Die Menschen sind in diesen Fällen von neuen Auffassungen überzeugt worden. Daher ist auch in diesen Fällen kein Konflikt des Utilitarismus mit den Alltagsintuitionen zu befürchten, denn die utilitaristische Position wäre dann erneut human im Sinne der neuen Alltagsintuitionen. Diese Intuitionen der Mehrheit machen nicht die gesamte Moral aus. Man kann sie z. B. mit Rationalitätsforderungen kritisieren, und man kann auf interne Präferenzen verweisen. Zudem kann man bei jeder Präferenzverschiebung eine Vermeidung von Opfern und somit einen Minderheitenschutz einfordern, denn das würde die Nutzenbilanz in jedem Fall verbessern, wenn es realisierbar ist. Gleichwohl: Die Mehrheitsintuitionen machen einen erheblichen Teil der Moral aus, und dem entspricht das Konzept des humanen Utilitarismus.

Ein Paradoxon kommt hier nur für denjenigen auf, der moralische Normen von rationalen empirischen Interessen abkoppeln will und sie für alle Zeiten und bei allen denkbaren Präferenzlagen durchhalten möchte. Unsere Moral ist aber ein *intersubjektives Konstrukt*, das sich aus den Überzeugungen und Wünschen der Individuen und nicht aus ewigen subjektunabhängigen Werten speist. Moral ist an (aufgeklärte) empirische Interessen gekoppelt. Diese Kopplung kann aus vielen Gründen als unerlässlich verteidigt werden. Gäbe es eine solche Kopplung nicht, müsste man z. B. behaupten, dass etwas unmoralisch sein kann, was alle Lebewesen wirklich wünschen (was also niemandes Interessen schadet) oder dass etwas moralisch sein kann, was niemand wünscht. Wir haben beispielsweise häufig die Intuition, dass etwas, was niemandem schadet, weil es jeder wünscht, nicht falsch sein kann. Das ökonomische Prinzip der Pareto-Optimalität basiert auf dieser Überlegung.

Neben Intuitionen kommt es hier nicht zuletzt auf den *metaethischen Standpunkt* an, den man vertritt. Wenn man meint, dass es keine »Werte an sich« gibt, sondern dass sich Werte aus der Wertschätzung, also den Interessen von Individuen ergeben, dann sind Werte immer mit der empirischen Wertschätzung verbunden. Sachverhalte sind nicht intrinsisch wertvoll, sondern erhalten Wert durch die Befriedigungsgefühle, die sie erzeugen. Daher kann eine liberale oder gerechte Gesellschaft, die niemanden befriedigt bzw. in niemandes Interesse liegt, keinen Wert darstellen. (Man denke nur an das obige Beispiel Sadomasochiens.) Behauptet man das Gegenteil, dann muss man z. B. einen Wertrealismus vertreten, der Werte postuliert, die unabhängig von aller Subjektivität existieren und normative Kraft für Subjekte haben. Diese Position ist metaethisch hochgradig bedenklich.[21] Daher meine ich durchaus, dass die Kopplung von ethischen Geboten an empirische Interessenlagen zu rechtfertigen ist. Zwar sprechen Konstruktionen entfernter möglicher Welten, die absurd sind, gegen eine solche Kopplung, aber die Verhältnisse in unserer realen Welt (z. B. der starke Gerechtigkeitssinn) und metaethische Überlegungen geben Gründe, die diese Kopplung stützen.

Wichtig für unsere realen Probleme ist: Solange externe Präferenzen wie die der Gegner von Abtreibung- und Kindstötung existieren und nicht durch utilitaristische Überzeugungsarbeit verändert werden, muss der Utilitarist diese Präferenzen beachten, und nur dieser Fall ist derzeit für uns realistisch, denn eine Präferenzverschiebung scheint bei diesen Überzeugungen kaum erfolgversprechend, z. B. weil hier ganze religiöse Weltbilder invol-

---

21 Zu einer tiefergehenden Verteidigung einer antirealistischen Interessenethik vgl. Gesang (2000a), Trapp (1988) oder Mackie (1981). Besonders empfehlenswert: Perry (1967, 1926), S. 132 ff.

viert sind und diese sind erfahrungsgemäß weitgehend
aufklärungsresistent.

(5) *Nur deutlich wahrnehmbaren Nutzen beachten*: Das
letzte Argument gegen den Gegner der Homosexualität
basierte auf bestimmten mehrheitlichen Präferenzverteil-
lungen. Immer wenn derartige Präferenzaggregationen im
Spiel sind, sollte man vermeiden, dass *kaum wahrnehmbare* Nutzengewinne vieler, *deutliche* Opfer weniger ermöglichen. *Rein mathematisch* können irgendwann auch
geringste Nutzengewinne eine solche Summe bilden, dass
sie handfeste Nutzeneinbußen übertreffen. Kaum wahrnehmbare Nutzengewinne sind hier als solche definiert,
gegen die man sich (in Normalsituationen) indifferent verhält und welche die Befriedigungsgefühle gar nicht verändern. Ob ich 2 ml mehr Tee in der Teetasse habe, bemerke
ich gar nicht, aber wenn es mir jemand hinterher mitteilt
und damit die Normalsituation aufhebt, werde ich vielleicht zugeben müssen, dass dies mir marginal genutzt hat.
Würde ich 2 ml Tee nicht als nützlich betrachten, würde
ich ja nie die letzte Pfütze aus der Tasse leeren. Bei dieser
Problematik ist ein *Grundsatz der Verhältnismäßigkeit* zu
beachten.[22] Eine kaum (also z.B. nur unter hypothetisch
modellierten Bedingungen) wahrnehmbare Nutzensteigerung ist nur *rein rechnerisch, aber nicht faktisch* ein Nutzengewinn, denn in der Befriedigungstheorie zählen ja Befriedigungsgefühle von Individuen, die zu vergrößern sind
und nicht abstrakte Kalküle. Daher muss sich dieser Utilitarismus an *psychologischen Wahrnehmungsgegebenheiten*
bzw. Wahrnehmungsschwellen der Individuen orientieren.
Im humanen Utilitarismus geht es um empirisch-psycho-
logisch »handfeste« Nutzengewinne, was von vielen Utilitaristen anderer Prägung vernachlässigt wird.

---

22 Zur technischen Ausführung dieser Idee vgl. Schoch (1998).

5. Was bedeutet dein Wohl für mein Wohl? –
Externe und interne Präferenzen

Gegen den im letzten Abschnitt vorgestellten Argumenta-
tionstypus sind bedenkenswerte Kritiken vorgebracht
worden, z.B. von R. Dworkin. Weil diese Kritik sachlich
relevant und wirkungsgeschichtlich einflussreich ist, müssen wir sie hier behandeln. Dworkins Kritik basiert auf
der Differenzierung interner (persönlicher) und externer
Präferenzen. *Interne Präferenzen* von x sind diejenigen
Präferenzen von x, die sich auf *seinen eigenen* Erwerb
oder Genuss von Gütern beziehen. *Externe Präferenzen*
beziehen sich auf den Gütererwerb *anderer, ohne dass das
Wohl des Präferierenden vom Gütererwerb der anderen
positiv beeinflusst wird*.[23] J. Harsanyi greift Dworkins Unterscheidung auf und illustriert sie wie folgt: »So schließen
meine persönlichen Interessen meine ökonomische Ver-
sorgung, meine Gesundheit, meine Freundschaften etc.
ein. Ich habe kein ›persönliches Interesse‹ an meines
Nachbars Kirchenzugehörigkeit, auch wenn ich eine solche stark befürworten würde.«[24]

Dworkin und Harsanyi wollen nun zeigen, dass der
Utilitarismus in größte Schwierigkeiten gerät, wenn er externe Präferenzen in die Nutzenabwägung einbezieht. Genau dieses fordert natürlich der humane Utilitarismus, der
den im Sinne der beiden genannten Autoren externen An-
stoß bestimmter Personen an Homosexualität ernst nimmt
und ihm einen Einfluss auf die Entscheidungsfindung ein-
räumt. Der Hauptgrund, den Dworkin und Harsanyi für
ihre Ausschlussforderung vorbringen, ist folgender:

Verletzung des Unparteilichkeitspostulats: Harsanyi und
Dworkin sehen durch die Berücksichtigung externer Präferenzen das Gleichheitsprinzip des Utilitarismus verletzt,

---

23 Dworkin (1984) S. 382.
24 Harsanyi (1988) S. 97 (Übers. B. G.).

das lautet: Jeder zählt als einer, keiner mehr als einer. Harsanyi schreibt: »Wenn solche externen Präferenzen eingeschlossen würden, dann würden die Interessen von Personen mit vielen Wohlgesonnenen und Freunden viel größeres Gewicht haben, als die Interessen von Personen ohne solche Unterstützer.«[25] Dworkin äußert sich ganz ähnlich, bezogen auf das Beispiel eines Schwimmbads, dessen Bau viele Nicht-Schwimmer aus Sympathiegründen unterstützen: »Wenn die altruistischen Vorlieben gezählt werden, dann wird das Ergebnis eine Art von doppeltem Zählen sein; jeder Schwimmer wird nicht nur von seiner eigenen Vorliebe profitieren, sondern auch noch von der Vorliebe eines anderen.«[26]

Ehe wir dieses Argument untersuchen, müssen wir die Unterscheidung zwischen internen und externen Präferenzen selbst zum Gegenstand der Analyse machen. Es ist in der Tat zu fragen, wie interne und externe Präferenzen deutlich voneinander zu unterscheiden sind.

Meine wichtigste Kritik an der Unterscheidung der beiden Autoren lautet: fast jede meiner Präferenzen dient meinem Wohlergehen, denn sonst wäre diese Präferenz nicht meine. Sowohl Wunschtheorie wie Befriedigungstheorie müssen fast alle Präferenzen, also auch die »externen«, in einem bestimmten Sinn »egoistisch« interpretieren, aber dann wird die Definition der Externalität von Dworkin fraglich. Wer würde bestreiten wollen, dass Menschen glücklich werden, wenn sie z.B. um das Glück anderer Menschen wissen? Bezogen auf die eigene Familie und auf eigene Freunde ist dies evident. Viele Menschen fühlen sich aber auch durch soziale Ungerechtigkeit und globale Armut in ihrem Glück beeinträchtigt, weshalb sie z.B. gegen diese Missstände demonstrieren. Folglich ist das Eigenwohl oder Glück dieser Menschen eindeutig

25 Harsanyi (1988) S. 98 (Übers. B. G.).
26 Dworkin (1984) S. 383.

vom Wohlergehen anderer Menschen, also von der Erfüllung ihrer von Dworkin u. a. extern genannten Präferenzen abhängig. Wie im letzten Kapitel erörtert, ist es bei
der großen Mehrzahl der Fälle so, dass die Erfüllung der
Präferenzen von x das Glück von x betrifft, denn Selbstzwecke jenseits des Glücks werden extrem selten angestrebt. Harsanyis Definition interner Präferenzen ist problematisch, denn sie bezieht das Wohlergehen von Freunden etc. explizit ein. Wie will man aber unterscheiden,
dass gerade die Erfüllung dieser Präferenzen für das Wohl
anderer zum eigenen Wohlergehen beiträgt und diese Präferenzen damit zu den internen Präferenzen gehören,
während Präferenzen über Nachbarn oder Bewohner des
Sudan nicht dazugehören? Das hängt offenbar von der
konkreten Psyche des Präferierenden ab, besonders von
der Tatsache, mit wem sich dieser identifiziert oder nicht.

Sowohl Harsanyi wie auch Dworkin räumen ein, dass
es Fälle gibt, in denen beide Präferenztypen einander sehr
nahe kommen. So schreibt Dworkin: »Manchmal sind
persönliche und externe Vorlieben so unentwirrbar
miteinander verbunden, [...] dass kein praktischer Test für
das Messen von Vorlieben in der Lage sein wird, die persönlichen und externen Elemente in der Gesamtvorliebe
[...] zu unterscheiden.«[27] Harsanyi gesteht auf einer generelleren Ebene zu, dass bei externen Präferenzen *immer*
auch ein persönlicher Bezug mitspielt, der jedoch nur die
Rolle eines »secondary result« spiele.[28] Weshalb dies der
Fall sein sollte, wird nicht weiter ausgeführt.

Was könnte Harsanyis »primäre und sekundäre Komponententheorie«, die von primär und sekundär für das eigene Wohlergehen relevanten Präferenzen ausgeht, bedeuten? Soll behauptet werden, dass jemand Präferenzen über
das Wohl anderer Individuen ausbildet, die ihn selbst nur

27 Dworkin (1984) S. 384.
28 Harsanyi (1988) S. 97.

beiläufig interessieren? Wieso vertritt diese Person ihre
Präferenzen, z.B. im Falle des Abtreibungsgegners, dann
aber vehement? Etwas, woran sie nur wenig interessiert
ist, könnte sie weitgehend unbeachtet lassen. Ist es sinnvoll zu sagen, eine Person wünsche etwas nur um anderer
Personen willen, oder sind auch z.B. die meisten altruistischen Wünsche auf eine Vermehrung des wohlverstande-
nen Eigenwohls des Wünschenden zurückzuführen? Die
Antwort ergibt sich aus dem vorigen Kapitel: Reine
Selbstzweckwünsche sind seltenster Natur und das heißt
nicht automatisch, alle Interessen als egoistisch zu deuten,
denn diese Deutung basiert auf einer fehlerhaften Verwendung des Egoismusbegriffs.

Hinter Harsanyis Ansatz scheint eine »objektive Theorie des Glücks« zu stehen. Harsanyi meint offenbar, dass
bestimmte Elemente des Glücks, die er mit den internen
persönlichen Präferenzen verbindet, das individuelle
Glück objektiv vorrangig bestimmen. Andere Elemente,
wie z.B. Anteilnahme an globalen Ungerechtigkeiten, sei-
en hingegen nur von minderer Bedeutung für das eigene
Wohlergehen. Es kann sich aber zumindest im Einzelfall
völlig anders verhalten. Vielleicht haben einige »Heilige«
ihr Wohlergehen ausschließlich über das Wohlergehen derer verwirklicht, denen sie helfen konnten. Hier sieht man,
dass Harsanyis Theorie einer Explizierung der sie stützen-
den Theorie menschlichen Glücks bedürfte, die offenbar
eine generelle Einteilung in primäre und sekundäre Bereiche erlaubt. Diese Explikation fehlt, und es wäre auch unwahrscheinlich, dass sie überzeugen könnte.

Somit wurden einige Vorbehalte geltend gemacht, ob
die angeregte Unterscheidung zwischen externen und internen Präferenzen überhaupt auf die von unseren Autoren vorgeschlagene Art durchführbar ist. Vielleicht kann
man – gegeben die Definition von Dworkin – alle Präferenzen nur als interne auffassen, mit der Begründung, dass
ein Individuum nichts präferieren würde, was seinem Ei-

genwohl nicht zuträglich wäre, wobei dieses Eigenwohl
nicht egoistisch verkürzt verstanden werden darf. Die
Freude am Wohlergehen anderer kann eben zu einem ent-
scheidenden Teil auch das Eigenwohl einer Person ausmachen.

Man kann selbstverständlich Präferenzen unterscheiden,
die sich *nur* auf die eigene Person und Präferenzen, die
sich *auch* auf andere Personen beziehen, ohne den Aspekt,
wessen Wohl *vorrangig* betroffen ist, in die Definition
aufzunehmen. Die Art der Beziehung dürfte wahrscheinlich nicht nur kausal sein (viele meiner Präferenzerfüllun-
gen haben kausale Effekte auf andere, die vielleicht nicht
beabsichtigt waren), sondern müsste auf Absichten bezüglich des Wohls und Wehes anderer beruhen,[29] denn sonst
würden fast alle Präferenzen dem zweiten Typ angehören.
Die so abgegrenzten Präferenzen des zweiten Typs könnte
man dann berechtigt »externe Präferenzen« nennen, und
diese Definition wird tatsächlich z. B. von C. Fehige und
U. Wessels vertreten: »Externe Präferenzen, das sind Präferenzen, deren Inhalt die Existenz oder Nichtexistenz
oder die Befriedigung oder Frustration der Präferenzen
anderer Leute enthält. Externe Präferenzen können moralische, benevolente oder altruistische Präferenzen sein,
aber auch unmoralische, malevolente oder anti-soziale.«[30]
Wenn man diese sinnvolle Definition zugrunde legt,
wird jedoch die Forderung absurd, derartige externe Präferenzen nicht zu zählen. Präferenzen über das Wohl der
eigenen Kinder usw. wären dann nämlich extern. Eine

---

29 Wobei es durchaus Fälle gibt, wo die Absicht z. B. die Vermeidung eines
moralisch für pervers gehaltenen Zustands ist, für deren Umsetzung es eben
in Kauf genommen wird, z. B. das Wohl Homosexueller einzuschränken.
Hier spreche ich auch von einer intentionalen externen Präferenz für das Mittel. D. Birnbacher bemerkt zu solchen Fällen, dass man zwar nicht von einer
Beabsichtigung des Mittels sprechen, aber genausowenig sagen kann, die Ne-
benwirkung sei unbeabsichtigt. »In Kauf nehmen« ist ein eigenständiger in-
tentionaler Modus. Birnbacher (1995) S. 151.
30 Fehige/Wessels (1998) S. XXVI (Übers. B. G.).

Ethik, die das Interesse am Wohlergehen der eigenen Familie für irrelevant hält, ist wohl auch für unsere Autoren absurd. Wenn man also die Präferenztypen nicht über die unterschiedliche Betroffenheit des jeweiligen Eigenwohls voneinander abgrenzen kann, wird dem Argument gegen die Berücksichtigung externer Präferenzen der Boden unter den Füßen entzogen.

Kurz zum Hauptargument »*Verletzung des Unparteilichkeitspostulats*«: Eine Verletzung des *formalen* Unparteilichkeitspostulats liegt vor, wenn in einer Ethik Individuenkonstanten zählen bzw. wenn Prinzipien nicht auf in relevanten Eigenschaften übereinstimmende Situationen angewendet werden. In diesem formalen Sinne wird das Unparteilichkeitspostulat bei der Zählung externer Präferenzen nicht eingeschränkt. Ein Individuum A zählt hier nicht mehr, weil es gerade dieses Individuum A ist. Von externen Präferenzen können ja wie bei Dworkins Beispiel alle Schwimmer profitieren und dies in jeder relevant ähnlichen Situation. Die Präferenzen der von Vorurteilen Betroffenen werden nicht unterschlagen, sondern nach ihrer Intensität gewichtet. Niemand wird doppelt gezählt, weil die internen Präferenzen von x und die diese unterstützenden externen Präferenzen von y und z eben Präferenzen verschiedener Personen sind, von denen jede als eine zählt. Die Interessen von x, y, und z sind je eigenständige Interessen mit ähnlichem Inhalt, und jedes Interesse zählt als eines.

Ein späteres Beispiel von Dworkin bildet einen Spezialfall:

Stellen Sie sich eine Welt mit vier Personen vor, die Sarah, zwei Sarah-Fans und Fred umfasst. Nehmen wir an, Sarahs Präferenz für die Maßnahme X betrage fünf Nutzeneinheiten, Freds Präferenz für Y acht und die der Sarah-Fans je 5. Der Nutzen wird maximiert, indem man die Präferenzen von Sarah und ih-

ren Fans befriedigt und denen von Fred dies verwehrt. Um den Nutzen zu maximieren, muss der
Utilitarist den Wert von Sarahs Präferenz auf 10 Nutzeneinheiten in der Zählprozedur verdoppeln, weil es
das ist, wodurch die Befriedigung ihrer Fans erreicht
wird. Aber dies ist mit dem prozeduralen Gleichheitsprinzip unvereinbar.[31]

Das Besondere ist hier, dass der Gehalt der Präferenzen
von Sarahs Fans auf das utilitaristische Zählverfahren selbst
zielt! Sie haben ein Interesse daran, *wie* Sarah behandelt
werden soll, und das ist etwas anderes als ein Interesse daran, dass X realisiert wird. O'Connor bestreitet zu Recht,
dass normale Präferenzen diese Spezialstruktur haben.
Aber ich denke weitergehend, dass auch dieses Beispiel keine relevante Form des doppelten Zählens enthält. Wenn
man die Maßnahme X wählt, wird dies durch eine reguläre
Einzelzählung der Präferenzen veranlasst. Der Grund dafür, Sarah stärker zu zählen, ist die durch neutrale Zählung
errechnete Größe von 15 Nutzeneinheiten. Wenn man mit
Maßnahme Y 16 Nutzeneinheiten realisieren kann, wird
man Y wählen. Denn mit X erzielt man faktisch nur 15,
niemals 20 Nutzeneinheiten, die sich ergeben würden,
wenn man Sarah sofort doppelt einrechnet. Die Verdopp-
lung von Sarahs Interesse erfolgt erst in einem zweiten
Schritt, welcher der normalen Berechnung nachgelagert ist.
Allgemeiner: Dworkin behauptet, dass der Utilitarismus Präferenzen über ein anti-utilitaristisches Zählverfahren nicht tolerieren darf, denn das führe zu Widersprü-
chen.[32] Aber D. Parfit hat gezeigt, dass man auch einer
Theorie entsprechend handeln kann, von der man meint,
dass sie falsch ist (vgl. unten 3.3). Dabei entsteht kein
Widerspruch. Man muss zwischen einer »selbst-zerstören-

---

31 O'Connor (1994) 119 ff. (Übers. B. G.).
32 Dworkin (1985) S. 363.

den« und einer »selbst-auslöschenden« Theorie unterscheiden.[33] Der Utilitarismus kann vertreten, dass jedermann eine anti-utilitaristische Theorie glauben und anwenden soll, *wenn dies das Resultat einer utilitaristischen
Folgenberechnung ist*. Das sehen wir noch genauer:

Dworkin lässt das Sarah-Beispiel expandieren:[34] Was
wäre, wenn eine Mehrheit der Präferenzträger ein anti-utilitaristisches Verfahren der Interessengewichtung wünschen würde? Würde das den Utilitarismus zwingen, sich
selbst aufzulösen bzw. zu einem Selbstwiderspruch führen,
weil diese Präferenzen und das von ihnen favorisierte Zählverfahren »denselben logischen Raum« beanspruchen wie
der Utilitarismus? Drei Antworten scheinen mir sinnvoll:
• Wenn der Utilitarist sich entschließt, den anti-utilitaris-
tischen Präferenzen nachzugeben und ein anderes Zählverfahren anzuwenden, dann tut er das aus utilitaristischen Gründen. Das bestätigt eigentlich nur nochmals
die Gültigkeit der utilitaristischen Begründung. Wenn
die Präferenzlage sich später ändert, würde das anti-utilitaristische Verfahren aus utilitaristischen Gründen
wieder aufgegeben.
• Präferenzen sind Gründe, auf eine bestimmte Art zu
handeln. Aber sie sind nicht Gründe für einen Überzeu-
gungswechsel oder dafür, einer Theorie ihre Richtigkeit
abzusprechen. Anti-utilitaristische Präferenzen können
die Ausübung des Utilitarismus, die Praxis des Interes-
senakkumulierens verändern, aber sie sagen nichts über
die Geltung der Theorie aus und verändern sie nicht.
Insofern beanspruchen anti-utilitaristische Präferenzen
nicht denselben logischen Raum wie der Utilitarismus.
Sie können nur beinhalten, in der Praxis nicht mehr utilitaristisch zu verfahren. Dworkin begeht einen *Katego-
rienfehler*, wie man in Anlehnung an Parfit zeigen kann.

33 Parfit (1986, 1984) S. 42 f.
34 Dworkin (1985) S. 363.

- Sollten einige auf prozedurale Aspekte zielende externe Präferenzen wirklich Probleme machen (was ich nicht glaube), dann kann man diese aus dem Kalkül nehmen. Die Begründung dafür lautet dann, dass sie nicht mit allen anderen Präferenzen gleich gezählt werden dürfen, weil sie diese Gleichzählung unterminieren (gesetzt, das täten sie). Da hätte man ein Argument, das nicht auf moralischen Werten usw., sondern nur auf dem Gleichheitspostulat beruht, das man als Utilitarist ja sowieso akzeptiert. Jedenfalls ist ein *genereller* Ausschluss aller externen Präferenzen zur Lösung des Problems ein Schießen mit Kanonen auf Spatzen.

Zudem kann man den Vorwurf der Verletzung des Gleichheitspostulats auch *gegen* die Kritiker externer Präferenzberücksichtigung wenden: Falls man externe Präferenzen als eigenständige Präferenzen betrachtet, dann wird eben nicht jedes Interesse gleich behandelt, wenn externe Präferenzen verbannt werden.[35] Bis auf Mills Variante sind alle klassischen Utilitaristen gerade bestrebt, *alle* aufgeklärten Interessen mitzubeachten, und Abweichungen davon sind begründungsbedürftig und bislang nie gut begründet worden (eine Ausnahme wäre höchstens in Punkt 3 benannt).

Somit spricht nur noch wenig für den Ausschluss von externen Präferenzen bei utilitaristischen Nutzenabwägungen. Auch auf anderen Gebieten ist es selbstverständlich, externe Präferenzen zu beachten. Denken wir nur an *demokratische Wahlen*. Fast alle Dinge, die bei solchen Wahlen entschieden werden, hängen mit Präferenzen von Menschen zusammen, die sich auch auf das Wohl anderer Menschen beziehen. Man denke nur an den 80-jährigen, der eine Stimme beim Volksentscheid über die Einführung der Gesamtschule hat. Unsere gesamte Demokratie beruht auf der Berücksichtigung externer Präferenzen, und das wird nicht als anstößig empfunden, solange ein *elementarer Minderheitenschutz* gewährleistet ist.

---

35 Hare (1988) S. 247 und Hart (1979) S. 842.

Wer Vorbehalte gegen die Verwendung aufgeklärter externer Präferenzen hat, sollte bedenken, dass diese in der Regel wesentlich *schwächer* sein werden, als z. B. das direkte vehemente Überlebens- oder Freiheitsinteresse einer Minderheit. In der Regel sind unsere internen Präferenzen für Leben, Nahrung und Gesundheit der eigenen Person viel intensiver als unsere Präferenzen über andere Personen, auch wenn dies nicht immer der Fall ist, wie wir gegen Harsanyi zeigen konnten. Insofern reguliert sich der Einfluss externer Präferenzen ein Stück weit von selbst, wobei aber trotzdem das wünschenswerte korrektive Potential dieser Präferenzen nicht völlig verlisch. Damit externe Präferenzen in den beschriebenen kritischen Fällen in irgendeiner Weise wirksam werden können, müssen sehr viele aufgeklärte, einheitliche und intensive Präferenzen dieser Art vorliegen, sonst werden sie z. B. die vehementen Interessen von Minderheiten nicht übertrumpfen können. Daher spiegeln deutlich wirksame externe Präferenzen ein breites Meinungsbild wider, und gerade das ist ja eine erwünschte Eigenschaft, wenn wir den Utilitarismus der Common-Sense-Meinung annähern wollen.

Breite Mehrheitsintuitionen bestimmen unsere Humanitätsvorstellungen und deutlich wirksame externe Präferenzen basieren im Regelfall auf breiten Mehrheitspräferenzen, weshalb deutlich wirksame externe Präferenzen und Humanität gekoppelt sind. Natürlich sind Gegenbeispiele anhand sehr intensiver, z. B. fanatischer externer Präferenzen konstruierbar, aber im Regelfall werden deutlich wirksame externe Präferenzen breite Mehrheitsüberzeugungen widerspiegeln. (Wenn bestimmte sehr intensive und inhumane externe Präferenzen einer Minderheit wirksam werden könnten, *erzeugt* das bei der anders gesinnten Mehrheit oft externe Präferenzen, die der Humanität im Sinne der Mehrheit dann doch zum Sieg verhelfen.) *Deshalb wird die Zulassung externer Präferenzen viel eher eine Annäherung an intuitive Moralmaßstäbe als eine Entfernung von diesen Maßstäben zur Folge haben.*

Gleichzeitig werden die intuitiven Moralmaßstäbe unserer »westlichen Demokratien« in gewisser Weise richtungweisend sein. Sie können am ehesten als intern aufgeklärt gelten, da in den betroffenen Staaten wenigstens im Prinzip eine pluralistische Erziehung und Meinungs- und Pressefreiheit herrschen. Gerade fanatische externe Präferenzen werden als häufig indoktrinär induzierte Probleme mit der Rationalität haben. Brandt unterscheidet künstliche, z.B. durch Nachahmung von Einstellungen anderer hervorgerufene und authentische Wünsche. Nur letztere werden die kognitive Psychotherapie überleben.[36] Selbstverständlich muss man jedoch im Einzelfall – soweit möglich – Indizien für die Aufgeklärtheit von Präferenzen sammeln und kann sich nicht immer pauschal über Präferenzen aus nicht demokratischen Systemen hinwegsetzen.

Ist das hier propagierte Ethiksystem aber wirklich überzeugend? Selbstverständlich muss man nur die empirischen Randbedingungen in Form von gegebenen aufgeklärten Präferenzprofilen massiv verändern, und man gelangt zu großen Gerechtigkeitsproblemen usw. Allerdings ändern sich einerseits mit den externen Präferenzen auch die Humanitätsbegriffe und andererseits kann man bei den derzeit gegebenen Präferenzlagen mit diesem Modell gute Resultate erzielen. Das reicht zur Verteidigung des Utilitarismus aus, denn: *Muss eine Ethik für alle möglichen Welten adäquat sein?* Ich denke, sie kann es gar nicht.

Keine theoretische Ethik ist wirklich in allen Fällen überzeugend. Allerdings hat der Utilitarismus neben seinen Schwächen eben auch *große Stärken*, die kaum eine andere Ethik aufweist. *Mit ihm kann man beispielsweise die globale Ungerechtigkeit, die absolute Armut und den Raubbau an zukünftigen Generationen am schärfsten kri-*

---

36 Brandt (1979) S. 116 ff.

tisieren. Deontologische Ethiken und Tugendethiken erlauben hier ebenso wie unsere Alltagsmoral starke Abschottungen. Sie bauen z.B. eine große Differenz zwischen der ethischen Verantwortung für unser Tun und unser Unterlassen auf, die es uns erlaubt, über all das Elend hinwegzusehen, das wir mit unseren Unterlassungen mitverursachen.[37] Die Inhumanität, die hier propagiert wird und zwar nicht nur in entfernten möglichen Welten, sondern in unserer Realität, fällt nur zu oft unter den Tisch. Die Debatte um den Utilitarismus wird ständig so geführt, dass der Utilitarismus wegen einiger Schwachstellen – meist nur bezüglich stark kontrafaktischer Fallkonstruktionen – in die Defensive gedrängt wird. Dass hingegen andere Ethiken über ungleich stärkere aktuelle und nicht bloß virtuelle Defizite verfügen und zum Teil auch theoretisch völlig unbefriedigende, unbegründete Ad-hoc-Konstrukte sind, wird dabei vergessen. Die Anprangerung von Missständen auf globaler Ebene erlaubt der Utilitarismus ohne Umwege, während die Kritik des Utilitarismus ziemlich große Umwege gehen muss, indem sie oft tollkühne empirische Randbedingungen modelliert, die eigentlich nie in der Realität vorkommen.[38]

6. Ein Hauptfehler des Utilitarismus

Wieso befriedigt der Utilitarismus aber nicht vollständig? Wie gesehen, gibt es vornehmlich Probleme im Bereich der Gerechtigkeit, insbesondere bei der sensiblen Frage der *Individualrechte*. Allerdings können diese Probleme im humanen Utilitarismus zu Recht als spekulative Denkmöglichkeiten in Extremsituationen dargestellt werden.

---

37 Vgl. dazu: Birnbacher (1995).
38 Vgl. dazu Hares Illustration und Kritik dieser Verfahren. Hare (1992) S. 237–257.

Gleichwohl beunruhigt viele auch diese Denkmöglichkeit stark. Sind derartige Beunruhigungen begründet?

Versuchen wir, dem Problem näher zu kommen, indem wir eine Alternative zum »puren« Utilitarismus erörtern.[39] Man könnte ja behaupten, dass der Utilitarismus an vielen Punkten überzeugt, aber das Gerechtigkeitsproblem nicht löst. Daher könnte man auf eine *Prinzipienkombination* gleichberechtigter irreduzibler Prinzipien hinwirken,[40] um den Wertmonismus los zu werden, den ich mit den vorangegangenen Abschnitten ja verteidigen will. Man akzeptiert den Utilitarismus ein Stück weit, ergänzt ihn aber, indem man der Ethik andere gleichberechtigte Werte zufügt. Spezifizieren wir solche Werte wie folgt: Bei höchstrangigen Individualrechten wird die utilitaristische Verrechenbarkeit der Rechte gegeneinander eingeschränkt. Zwar wird man nicht befürworten, dass z. B. das Leben des einzelnen einen völlig unantastbaren Wert erhält. Wenn wir z. B. eine globale Atomkatastrophe durch das Opfer eines (unschuldigen) Einzelnen verhindern können, dann ist dies offenbar kaum angreifbar. Gleichwohl finden wir es absurd, dass unter irgendwelchen Umständen ein Lustgewinn sehr vieler, z. B. das Leben weniger gefährden können soll (man denke an das häufige Beispiel der Gladiatorenkämpfe im alten Rom). Man könnte also im Rahmen einer auf Gerechtigkeit gerichteten Reform des Utilitarismus vorschlagen, *elementare Rechte nur gegen gleichartige Rechte zu verrechnen.* Ein Leben kann nur für viele Leben geopfert werden, nicht zur Befriedigung von Luxusinteressen vieler Menschen. Damit wird J. St. Mills Intuition umgesetzt, auch die Qualität von Präferenzen und nicht nur deren Quantität einzubeziehen,[41] denn es werden Klassen gleichartiger Rechte definiert, die aufgrund

---

39 Trapp (1988).
40 Das befürwortet z. B. N. Rescher. Rescher (1966) S. X.
41 Mill (1976) S. 14–21.

ihrer verschiedenartigen Qualität nicht beliebig antastbar bzw. miteinander verrechenbar sind.

Ein solcher Vorschlag müsste natürlich noch stärker präzisiert werden, aber er besitzt eine hohe Eingangsplausibilität.[42] Wäre nicht ein solcher, um eine *qualitative Verrechnungshierarchie von Rechten* ergänzter Utilitarismus ein ideales Ethikmodell? Zum ersten wäre zu antworten, dass man genau eine solche Verrechnungshierarchie auch über den Einbezug externer Präferenzen rechtfertigen kann, wenn – gegeben bestimmte interne Präferenzprofile – wirklich viele Menschen eine solche Hierarchie für wünschenswert halten. Ein autonomes Gerechtigkeitsprinzip usw. wäre folglich überflüssig.

Hier wird der Freund der Gerechtigkeitskonzeption aber erwidern, der Utilitarist habe wieder einmal nicht verstanden, worum es ihm gehe. Nicht nur, wenn entsprechende externe Präferenzen der Mehrheit und interne Präferenzen der »Primärbetroffenen« vorliegen würden, sondern auch, wenn gar keine derartigen oder sogar mehrheitlich gegenteilige intern aufgeklärte Präferenzen existieren würden, sei besagte Verrechnungshierarchie geboten. Das heißt also, auch wenn nur ein ganz kleiner Teil oder niemand in der Bevölkerung dem Konzept der qualitativen Verrechnungshierarchie positiv gegenübersteht, soll diese Option Geltung haben, selbst wenn sie von der großen Mehrzahl als ein massives Übel empfunden würde. Der humane Utilitarist ist per definitionem darauf verpflichtet, die Gesamtbefriedigung »all things considered« zu maximieren. Eine Mehrung der Gesamtbefriedigung durch Einführung der Verrechnungshierarchie ist nun klarer Weise nicht der Fall, wenn eine große aufgeklärte

---

42 Aber die Probleme liegen natürlich auf der Hand: Wird man 1000 Querschnittsgelähmte für die Rettung eines Lebens riskieren? Wenn nein, trägt der Grundsatz »nur gleiches gegen gleiches« nicht, und die ganze Option gerät erneut in den Treibsand.

Mehrheit eine Verrechnungshierarchie als massives Übel empfindet und dem nur wenige oder gar keine intensiven internen Präferenzen gegenüberstehen. Die Einführung einer Verrechnungshierarchie widerspricht unter diesen Bedingungen der unumgänglichen Empirisierung der Ethik, die u.a. der Skepsis gegenüber objektiven intrinsischen Werten jenseits von Befriedigungszuständen entspringt. Wenn es keine Werte jenseits von diesen Zuständen gibt, dann muss man jedes ethische Gebot über einen Rekurs auf Befriedigungsgefühle begründen. Unterlässt man dies, dann häufig im Sinne der Verteidigung eines Wertobjektivismus, der zeigt, dass eine qualitative Verrechnungshierarchie »an sich« wertvoll ist, ohne dass sie von den Individuen als befriedigend empfunden oder auch nur gewünscht wird. Oder man zeichnet ein Minderheiteninteresse als qualitativ wertvoller aus als eine noch so große Quantität anderer Interessen, wozu es auch Maßstäbe jenseits der Interessen bedarf, auch wenn dies oft, z.B. bei Rawls,[43] verschleiert wird. Deshalb kann der Utilitarist die Verrechnungshierarchie nicht unterstützen, wenn die aufgeklärten Präferenzen insgesamt massiv gegen sie sprechen (was de facto nicht der Fall ist). Um die Ablehnung einer Verrechnungshierarchie »an sich« zu plausibilisieren, hilft es, sich eben auch in die Lage der Mehrheit zu versetzen, für die es eventuell ein massives Übel bedeutet, die Hierarchie zu akzeptieren. Die Kritiker des Utilitarismus sind manchmal derart auf Minderheiten fixiert, dass sie massive Mehrheitspräferenzen zu übersehen neigen.

Vielleicht ekelt manchen vor einer solchen Mehrheit, aber der Utilitarismus kann unter den gerade fingierten kontrafaktischen Bedingungen die hochpersönlichen Gefühle weniger zugunsten einer Verrechnungshierarchie nicht zu objektiven Geboten aufwerten, er bleibt hier seiner immanenten *Liberalität* verpflichtet. So weit, diese

---

43 Vgl. dazu Fehige (1997).

Verteidigung des Utilitarismus zu akzeptieren, kann man auch unsere Alltagsintuitionen bei gründlichem Nachdenken »strecken« bzw. reformieren. Damit ist natürlich auch die normative Adäquatheit des utilitaristischen Wertmonismus demonstriert, denn genau darum ging ja der Streit mit dem Freund der Gerechtigkeitskonzeption.

Obwohl der humane Utilitarist also die Verrechnungshierarchie begründet ablehnen kann, wenn sie der Gesamtbefriedigung nicht dient, zeigt der Einwand trotzdem die vielleicht am schwersten behebbare Schwäche des Utilitarismus auf. Sofern die Schlechterstellung einer Minderheit durch ein massives aufgeklärtes mehrheitliches Interesse gefordert wird, kann man dem Utilitaristen eventuell folgen (falls all die oben benannten Instrumente des Minderheitenschutzes nicht greifen). Man muss sich in die Lage der Mehrheit versetzen, deren Leiden als ernste wahrnehmen und sich über metaethische Konsequenzen Gedanken machen. Wenn aber dem gravierenden Nutzenverlust der Minderheit *kein massiver Gewinn* gegenübersteht, wird die Sache problematisch. Wie oben schon gesagt wurde, muss bei Nutzenaggregationen ein *Maßstab der Verhältnismäßigkeit* beachtet werden, der *rein rechnerische* Nutzengewinne verbietet.

Allerdings kann man sich auch deutlich wahrnehmbare und daher nicht rein rechnerische *geringe* Nutzengewinne vorstellen, die in entsprechender Anzahl eine Diskriminierung von Minoritäten begünstigen würden. Der Nutzengewinn, den ich von einem guten Abendessen habe, ist für mich deutlich wahrnehmbar. Gleichwohl fällt es mehr als schwer zuzugeben, dass eine große Zahl vergleichbar großer Befriedigungen ein Menschenleben unter bestimmten kontrafaktischen Bedingungen aufwiegen könnte. Hinter dem Konzept der Verrechnungshierarchie tritt das *Problem einer hinreichenden Absicherung der Verhältnismäßigkeit* im Utilitarismus zu Tage. Diese ist nur über den Kontrast rechnerisch-psychisch wahrnehmbar einfach zu

begründen. Aber sie muss offenbar unbedingt über diesen
Sektor hinaus ausgedehnt werden.

Dies ist m. E. das gravierendste Problem des Utilitarismus, das verbleibt, wenn man sich auf seine Grundannah-
men einlässt und nicht ganz andere Ethikmodelle bevor-
zugt. Dieses Hauptproblem des Utilitarismus existiert natürlich in der Realität nicht, da wir hinreichende externe
Präferenzen haben, die es abwehren. Wir halten es für pervers, einen Menschen für denkbar kleine Nutzengewinne
vieler zu opfern und würden unter einer Welt leiden, in
der dies geschehen darf. Dieses Leid würde die kleinen
Nutzengewinne, von denen die Rede war, überwiegen.
Aber als abstrakte Denkmöglichkeit bleibt das Problem
bestehen, und dies ist ein Stachel, der den Utilitaristen
plagt. Wie gesagt, ist das Problem jedoch nur bei kontrafaktischen Bedingungen gegeben, und zudem kann man
auch, wenn eine derartige Präferenzlage vorliegt, mit dem
Argument der Präferenzverschiebung Kritik üben. Vor allem aber gilt: Wir brauchen keine Ethik für alle möglichen
Welten, sondern unsere Ethik muss die Missstände in dieser Welt entschlossen anprangern! Mit Blick auf unsere
globalen Probleme leistet das heute der Utilitarismus in
entschiedener Weise. Daher reicht das benannte Restpro-
blem keineswegs aus, um den Utilitarismus zu verwerfen.
Es reicht jedoch hin, um davon zu sprechen, dass keine
Ethik wirklich befriedigend ist.

7. Zusammenfassung

Probleme der utilitaristischen Bioethik bilden den Aus-
gangspunkt dieses Kapitels, insbesondere Singers und
Tooleys Haltung zur Kindstötung. Utilitaristen sorgen auf
diesem und auf anderen Feldern immer wieder für Empörung. Die so genannte Singer-Debatte in Deutschland
zeigt dies brennpunktartig. Dem Utilitarismus wird vor-

geworfen, notwendig zentrale Intuitionen der Alltagsmoral zu verletzen und Probleme mit der Gerechtigkeit und dem Minderheitenschutz zu haben. Nach Lektüre dieses Kapitels kennen wir vorrangig vier Mittel gegen diese Vorwürfe: (a) interne Rationalität, (b) Einbezug externer Präferenzen, (c) Forderung nach Präferenzverschiebungen in bestimmten Situationen und (d) Nutzenabwägung »all things considered«. Im nächsten Kapitel werden weitere Instrumente des humanen Utilitarismus vorgestellt.

Externe Präferenzen sind solche, bei denen sich der Präferierende intentional nicht nur auf das eigene, sondern auch auf das Wohl anderer Betroffener bezieht. Anders lautende Definitionen von Dworkin und Harsanyi werden mitsamt einem Argument dieser Autoren abgewiesen, das dagegen spricht, externe Präferenzen zu beachten. Die Beachtung externer Präferenzen ermöglicht es, bei den Problemen der Abtreibung und der Kindstötung z.B. auch Präferenzen von Gegnern, die sich oft intensiv dem Kampf gegen Kindstötung und Abtreibung widmen, einzubeziehen. D. h. nicht bloß die Interessen der »Primärbetroffenen« Embryo-Eltern zu vergleichen, wie es Singer vorrangig tut. Auf diesem Weg können auch die moralischen Intuitionen breiter Strömungen der Gesellschaft ein Gewicht bei der Lösung moralischer Konflikte erhalten. Auch diese Intuitionen äußern sich in Präferenzen, die im Utilitarismus zu beachten sind. Sie müssen auch auf die »Nutzenwaage« geworfen werden, was den Ausschlag dieser Waage häufig in Richtung der Mehrheitspräferenzen tendieren lassen wird, insbesondere bei der einhellig abgelehnten Kindstötung. So wird der Utilitarismus sich den Mehrheitsintuitionen und damit unserer herrschenden Vorstellung von Humanität zwangsläufig annähern und diese nicht beliebig brüskieren. Auch Gerechtigkeit und Minderheitenschutz werden so noch besser gesichert, weil diese Werte de facto einem Mehrheitsinteresse entsprechen, zumal wenn man bedenkt, dass viele gegenteilige Interessen wahrscheinlich nicht hinreichend aufgeklärt sind. Unser Gerechtigkeitssinn ist eines unserer stärksten Gefühle, denn ungerechte Handlungen können uns maßlos empören, wovon z.B. die Skandalpresse, insbesondere auch bei politischer Berichterstattung, lebt.

Andere Instrumente zur Sicherung des Minderheitenschutzes, die auch der Standardutilitarist kennt (Rationalitätsfilter und Präferenzverschiebungen), werden ebenfalls präzisiert und stark gemacht. Zudem wird die These vertreten, dass die Schwächen des humanen Utilitarismus nur in kontrafaktischen Gedankenkonstruktionen, also in entfernten möglichen Welten zu Tage treten, in denen ganz andere externe Präferenzen existieren als bei uns. Hier liegt m.E. der zentrale *Fortschritt*: Während wir eingangs am Beispiel der Kindstötung mit dem Einwand konfrontiert wurden, dass der Utilitarismus zu inhumanen und absurden Moralurteilen *in unserer Realität* führt, konnte nunmehr gezeigt werden, dass sich dieses Ergebnis mit strikt utilitaristischen Erwägungen vermeiden lässt und dass die befürchteten Probleme wenn überhaupt, dann nur *in konstruierten möglichen Welten* auftreten. All dies vor dem Hintergrund, dass die Probleme anderer Ethiken schon in unserer gegebenen Welt immens sind. Insbesondere ist es eine Stärke des Utilitarismus, dass er Probleme wie die Zerstörung der Lebensgrundlagen zukünftiger Generationen und die mangelnde Verteilungsgerechtigkeit in der Welt zuungunsten der Entwicklungsländer radikal zur Sprache bringen kann, während viele andere Ethiken sich hier hinter behäbigen Pflichtbeschränkungen verschanzen.

Der humane Utilitarismus entspricht vernünftigen metaethischen Positionen, besser zumindest als Theorien, die Gerechtigkeit und andere Werte zu Selbstzwecken stilisieren und die daher oft nicht mehr mit den Interessen von Individuen argumentieren können. Zudem wird auch deutlich, dass der humane Utilitarismus durchaus ein brei-

tes *Überlegungsgleichgewicht* zustande bringt, da er sich
mit vielen Alltagsintuitionen zumindest auf den zweiten
Blick hin deckt. Ein Überlegungsgleichgewicht zu erstellen, ist eine Methode zur Rechtfertigung einer ethischen
Theorie, die auf Kohärenzüberlegungen basiert. Wenn
zwischen Theorien und moralischen Intuitionen eine
wechselseitige Bestätigung existiert, dann liegt ein Überlegungsgleichgewicht und damit ein kohärentes System vor,
das alle Elemente, die zu seiner Erstellung nötig waren,
rechtfertigen kann.[44] Aus theoretischen Gründen ist der
humane Utilitarismus ohnehin gut gerechtfertigt, denn
eine monistische Begründung einer Theorie ist natürlich
immer voraussetzungsärmer, einfacher und eleganter als
eine pluralistische. Viele Ethiker meinen, ein Wertmonismus sei normativ inadäquat. Es zeigt sich aber, dass man
die Probleme, die einem monistischen Utilitarismus auf
normativer Ebene angelastet werden (insbesondere Vernachlässigung von Gerechtigkeit und Minderheitenschutz), innerhalb des monistischen Rahmens lösen kann.
Meine Lösungsstrategie kommt ja damit aus, nur Präferenzen zu erfassen und nach ihrer Intensität zu gewichten,
um Befriedigungsgefühle zu maximieren. Zusätzliche
Werte brauchen nicht eingeführt zu werden. Es bleiben allerdings in der Tat auch Schwachstellen offen. Jedenfalls
bringt der humane Utilitarismus neue Argumente in die
Debatte und diese müssen diskutiert werden.

---

44 Genaueres dazu in: Hahn (2000) und Gesang (2002).

Kapitel 3

Überforderung – Muss der Utilitarist
wie ein Heiliger leben?

1. Darf der Utilitarismus alles von uns fordern?

Die gegen den Utilitarismus vorgebrachten Überforderungseinwände erhalten meist verschiedene Formulierungen. Betrachten wir die zwei wichtigsten:

(1) Der Utilitarismus beinhaltet ein *Unparteilichkeitsprinzip*, das vom ethischen Entscheider fordert, die Interessen *aller* Betroffenen völlig gleich, nur nach Maßgabe der jeweiligen Intensität zu behandeln. Jedermann ist aber in eine Umwelt eingebunden, in der ihm bestimmte Individuen besonders nahe stehen. Affektiv neigt daher jeder Entscheider dazu, z.B. der eigenen Familie eine Sonderstellung einzuräumen, *ohne dass er sich dabei im Normalfall unmoralisch fühlt.* Für eine derartige Sonderstellung lässt der Utilitarismus diesem Einwand folgend keinen Platz, weshalb er mit unseren moralischen Intuitionen in Konflikt gerät und basale Gesetze der Humanität verletzt. Wir fühlen uns vielfach gerade dann moralisch, wenn wir z.B. unsere eigenen Kinder besonders fördern, und uns so nahe stehende Individuen völlig unparteiisch zu behandeln, ist eine gravierende Überforderung.

Einige extreme Beispiele bzw. Gedankenexperimente veranschaulichen den Bruch des unparteiisch maximierenden Utilitarismus mit vielen moralischen Intuitionen: Angenommen, x sieht ein brennendes Flugzeug, und in ihm befinden sich das eigene Kind und ein weltberühmter Chirurg, der allein eine bestimmte, für viele lebensrettende Operationstechnik beherrscht. Weiter angenommen, x weiß um diese Fakten, und es ist nur Zeit, eine Person aus den Flammen zu retten. Wen soll x retten? Der Utilitarismus wird ihm offenbar den Chirurgen empfehlen. Die eigene spontane Intuition wird gebieten, das eigene Kind zu retten. Wem soll x folgen, ohne sich moralisch schuldig zu machen? Verlangt der Utilitarismus nicht, dass x das ihm Unmögliche entscheidet? Läuft eine utilitaristische Interessengewichtung hier und anderswo nicht auf eine völlige Überforderung des einzelnen Individuums hinaus, die darin besteht, dass es von partikulären Bindungen absehen soll?[1]

Man kann ein weiteres, ganz und gar unfiktives Beispiel geben, das diese These stützt: Der Utilitarismus zwingt dazu, jede Handlung, die Eltern zugunsten ihrer Kinder unternehmen, in ihrer Nützlichkeit mit Handlungen zu vergleichen, die eben diese Eltern zugunsten von Notleidenden in der »Dritten Welt« hätten unternehmen können. Jedes Spielzeug und jedes nicht der puren Wärmedämmung dienende Kleidungsstück, das Eltern ihren Kindern kaufen, wird als moralisch bedenklich einzustufen sein, denn mit dem für dieses Gut ausgegebenen Geld hätte man vielleicht ein Kind in Somalia einen Monat lang ernähren können. *Ein unparteiisch maximierender Utilitarismus würde folglich unsere gesamte Praxis moralisch diskreditieren und müsste die »Common-Sense«-Moral revolutionieren* – so das Argument.

(2) Der Utilitarismus fordert, die Interessen der Betroffenen *immer* bestmöglich zu beachten. Dies würde den Entscheider aber ebenfalls überfordern, denn er müsste offenbar »rund um die Uhr« moralisch handeln bzw. nach Möglichkeiten suchen, Interessen zu befriedigen.[2] Gerade wenn der Entscheider unparteilich maximieren muss, wird ihm der Vorrat an möglichen moralischen Verbesserungen

---

1 Ich bediene mich in diesem Buch der folgenden Definition des Partikularismus, die A. Gewirth gegeben hat: »According to ethical particularism, one ought to give preferential consideration to the interests of some persons as against others, including not only oneself but also other persons with whom one has special relationships.« Gewirth (1988) S. 283.
2 Vgl. Baier (1958) S. 203.

niemals ausgehen, denn er muss sich für die Belange aller empfindungsfähigen Lebewesen engagieren. Es gäbe dementsprechend keine moralisch unbedenklichen »privaten« Lebensräume mehr, in denen das Individuum »pflichtenlos« sich selbst überlassen wäre. Jeder Rückzug ins Private wäre *moralisch schuldhaft*, weil das Individuum bei diesem Rückzug seine Kapazitäten für die allgemeine Nutzensteigerung nicht nutzen würde. Lediglich ein Rückzug, der zur Regeneration der moralischen Handlungsfähigkeit dient, könnte um dieses Zweckes willen moralisch legitim sein.[3]

Zu beachten ist, dass beide Vorwürfe nicht nur gegen den Utilitarismus angeführt werden, was oft übersehen wird. Nur zwei Beispiele: (a) Auch *deontologische Ansätze* sagen nicht, ob man bestimmte Situationen, für die diese Ethiken Regeln angeben, suchen oder meiden soll bzw. in welchem Maße man beides tun soll. (b) Die *katholische Ethik* enthält, nach manchen Interpretationen, ebenso wie der Utilitarismus eine »Maximierungsklausel«, denn je mehr gute Taten man tut, desto näher rückt das ewige Leben. Auch hier drohen Überforderungsargumente. Solche Argumente wecken starke Intuitionen. Wenn man den Utilitarismus in ein Überlegungsgleichgewicht einbetten will, darf man diese Intuitionen nicht einfach übergehen. *Die Pflichten im Utilitarismus müssen begrenzt werden.* Wenn man zudem die Unparteilichkeitsintuition nicht ihrerseits missachten will, ist ein Ausgleich zwischen begrenzten Pflichten und dieser Intuition geboten. Allerdings kann ein solcher Ausgleich dem Utilitarismus nur zur Verfügung stehen, wenn demonstriert werden kann, dass er *aus Nutzenerwägungen resultiert.* D. h. eine solche Lösung kann nur überzeugen, wenn sie nicht ad hoc konstruiert wird, sondern wenn man zeigen kann, *dass sich durch sie die größte Nutzensumme erzielen lässt.* Das ist

---

3 Vgl. Smart (1973), S. 55 f.

der einzige Grund, der einen Utilitaristen überzeugen kann und der zum wertmonistischen Ansatz des Utilitarismus passt.

2. Objektive Bedingungen des Glücks

In diesem Abschnitt soll gezeigt werden, dass und in welchem Sinne es objektive Glücksbedingungen gibt. Diese Bedingungen muss jeder Utilitarismus beachten, da er das Ziel hat, Glück zu vermehren. Eine bestimmte Spielart des Utilitarismus, die zu den Überforderungsproblemen führt, beachtet diese Bedingungen nicht. Deshalb vereitelt dieser Utilitarismus den Zweck der Glücksmaximierung, was nach einer allgemeinen Analyse objektiver Glückstheorien gezeigt werden soll.

Keine Ethik darf Individuen regelmäßig gebieten, die Bedingungen der Möglichkeit ihres Glücks aufzugeben, sonst führt sie sich selbst ad absurdum. Dieser Satz ist erklärungsbedürftig, aber er bietet den Schlüssel für die Lösung der Überforderungsprobleme. Das wird sich zeigen, nachdem wir uns ein wenig mit der Thematik objektiver Glücksbedingungen beschäftigt haben. Im Normalfall sind objektive Glückstheorien natürliche Gegenspieler einer Glückstheorie wie der im ersten Kapitel verteidigten. Objektive Theorien werden dabei so aufgefasst, dass sie Glücksbedingungen von Subjekten unabhängig von deren Wünschen oder Befriedigungszuständen angeben.[4] D.h. solchen Theorien haftet ein paternalistischer Zug an, so dass z.B. ein gutes menschliches Leben immer mit personaler Autonomie ausgestattet sein muss, auch wenn eine bestimmte Person dies nicht schätzt. Oder: mein Leben kann bei Vorliegen einiger objektiver Faktoren für glück-

---

4 Ein Beispiel dafür: Copp (1993) S. 123, 131.

lich erklärt werden, ohne dass ich es für glücklich halte.[5] Objektive Theorien sind entweder wertrealistisch motiviert oder ihre Vertreter meinen, es sei angebracht, die idiosynkratischen Präferenzen mancher Subjekte zugunsten vielfach üblicher Standardwünsche zu ignorieren. Dabei spielen oft normative Gründe eine Rolle, die besagen, dass nur bestimmte »artgemäße«, der menschlichen Natur angemessene Bedürfnisse zählen sollten. Dahinter steht dann ein ideales Menschenbild, das den Subjekten als anzustrebende Norm vorgehalten wird. Man kann sagen, dass derartige objektive Theorien die absolute Bewertung von Gütern weder in Form einer hinreichenden noch einer auch nur notwendigen Bedingung von subjektiven Bewertungen dieser Güter abhängig machen.[6] Solche Bestrebungen teile ich nicht. Man kann mit objektiven Glücksbedingungen auch einen viel bescheideneren Anspruch verbinden, der sich in eine subjektive Glückstheorie bzw. in die von mir vertretenen Befriedigungstheorie integrieren lässt.[7]

Es gibt m.E. tatsächlich einen objektiv bestimmbaren Katalog von Bedingungen, den *fast alle* aufgeklärten Menschen zu einem Katalog der Bedingungen der Möglichkeit ihres Glücks erklären würden bzw. de facto erklären. Natürlich soll der subjektive Charakter des individuellen Glücks und die Relevanz der subjektiven Bestimmung von Präferenzen nicht geleugnet werden. Subjektive Wünsche bzw. die mit ihnen verbundenen Befriedigungsgefühle bleiben die Bausteine des Glücks, und sie können im Falle aufgeklärter Individuen nicht paternalistisch überstimmt werden. Es ist aber eine anthropologische Tatsache, dass es bestimmte Güter gibt, die jeder oder nahezu jeder wünscht und die deshalb eine besondere Beachtung verdienen. Es gibt einige Mindestbedingungen für subjektives Glück, die

---

5 Sumner (1996) S. 38.
6 Sumner (1996) S. 38.
7 Hier zustimmend: Sumner (1996) S. 180 f.

entweder als zwingend oder als auf einem weit verbreiteten Konsens beruhend ausweisbar sind. Davon gehen selbst liberale Ansätze wie der von J. Rawls aus, so dass ein aristotelisch-utilitaristischer Ansatz hier auch mit einem weitgehenden Liberalismus übereinstimmen kann. Ein *»aristotelischer« Utilitarismus* ist einfach ein Utilitarismus, der einige von Aristoteles erstmals aufgelistete objektive Glücksbedingungen auf die gerade skizzierte Weise als existent und ethisch relevant akzeptiert und so die auch für Aristoteles zentralen partikulären Bindungen schützt. Natürlich stimmt diese im Folgenden verteidigte Position nicht umfassend mit der Ethik des Aristoteles überein, aber sie hat einen Zug aus seinem Denken übernommen.

Unverzichtbare Glücksbedingungen sind danach das Leben, eine elementare Freiheit, seine Absichten auszuführen, und ein elementares Wohlergehen, welches das Existenzminimum sicherstellt. Diesen Bedingungen entsprechende Güter muss man besitzen, wenn man Handlungen überhaupt erfolgreich abschließen will, sie sind *notwendige Bedingungen für die Realisation von Zwecken überhaupt.*[8] Selbst wenn etwa ein Selbstmörder diese Güter nicht mehr schätzt, muss er von einigen von ihnen (etwa von elementarer Freiheit) Gebrauch machen, um sich ihrer zu entledigen, d. h. er muss einige Güter als Mittel für seinen Zweck des Selbstmords gutheißen.[9] Ob diese Begründung der Unverzichtbarkeit bestimmter Güter »wasserdicht« ist oder nicht, muss uns hier nicht interessieren, denn wir können die Tragfähigkeit einer objektiven Glückstheorie sowieso nicht umfassend diskutieren. Hier sollen solche Ansätze nur kurz referiert und mit einer gewissen Grundplausibilität ausgestattet werden. Die Elemente, die wir für unsere Lösung der Überforderungsprobleme benötigen, werden wir später etwas genauer betrachten.

8 Gewirth (1978) S. 48–63.
9 Gewirth (1982) S. 59.

Selbstverständlich wird die Angelegenheit strittiger, wenn man zu umfassenderen objektiven Glücksbedingungen übergeht, wie sie Aristoteles oder M. Nussbaum vorgeschlagen haben, worin ich mich ihnen anschließe. Nussbaum vertritt einen der umfassendsten Kataloge solcher Bedingungen.[10] Dabei geht sie nicht davon aus, welche *Minimalmenge* von Gütern sich als wertvoll oder als Mittel zur Ausführung aller möglichen Lebenspläne ausweisen lässt.[11] Vielmehr will sie eine »dicke, vage Theorie des Guten« geben, die Fähigkeiten thematisiert, die *ein umfassend gutes menschliches Leben* ausmachen. Ich deute Nussbaums Bedingungen eines guten menschlichen Lebens als Glücksbedingungen, denn es geht ihr um eine Weiterführung der aristotelischen Theorie. Die Theorie ist »dick«, weil sie nicht nur minimale Existenzbedingungen aufstellt, sondern ein reichhaltigeres Modell *gelungenen* Menschseins entwickelt. Sie ist »vage«, weil sie bewusst offen für Ergänzungen, situative Auslegungen und Anpassungen an Veränderungen historischer Rahmenbedingungen ist. So soll die Theorie Einwänden entgehen, die auf den historischen Wandel anthropologischer Grundzüge hinweisen. Nussbaum beruft sich zur Rechtfertigung ihrer Liste neben offenen normativen Wertungen insbesondere auf zwei Tatsachen: (a) Menschen erkennen sich trotz aller z. B. kulturellen Unterschiede wechselseitig als Menschen an. Folglich muss es Eigenschaften geben, die Leben an jedem Ort zu menschlichem Leben machen. (b) Es besteht ein weithin akzeptierter Konsens über Eigenschaften, deren Fehlen das Ende menschlicher Lebensform bedeutet.[12]

Nussbaum konzipiert unter diesen Bedingungen eine Liste von Fähigkeiten, die ein gutes menschliches Leben ausmachen sollen. Sie spricht von Fähigkeiten, weil sie po-

---

10 Nussbaum (1993) S. 340.
11 Das versucht: Rawls (1993, 1979) S. 83.
12 Nussbaum (1993) S. 333.

litisch denkt und Gesetzgeber gleich zur Ermöglichung dieser Fähigkeiten ansporn will.[13] Ein gutes menschliches Leben wird sich einstellen, wenn die benannten Fähigkeiten von jedem Individuum faktisch ausgeübt werden können. Wenn die Möglichkeit der Ausübung konstitutiv für ein gutes Leben ist, dann ist diese Möglichkeit *wertvoll*. Auch die in der Liste zusammengestellten Fähigkeiten haben somit zumindest einen abgeleiteten Wert, wir können von ihnen auch als von Werten reden. Die Liste sieht verkürzt referiert wie folgt aus:

(1) Fähig zu sein, bis zum Ende eines vollständigen Lebens leben zu können, so weit, wie es möglich ist. [...]

(2) Fähig zu sein, eine gute Gesundheit zu haben; angemessen ernährt zu werden, angemessene Unterkunft zu haben; Gelegenheit zur sexuellen Befriedigung zu haben, fähig zu sein zur Ortsveränderung.

(3) Fähig zu sein, unnötigen und unnützen Schmerz zu vermeiden und lustvolle Erlebnisse zu haben.

(4) Fähig zu sein, die fünf Sinne zu benutzen; fähig zu sein, zu phantasieren, zu denken und zu schlussfolgern.

(5) Fähig zu sein, Bindungen zu Dingen und Personen außerhalb unserer selbst zu unterhalten; diejenigen zu lieben, die uns lieben und sich um uns kümmern [...].

(6) Fähig zu sein, sich eine Auffassung des Guten zu bilden und sich auf kritische Überlegungen zur Planung des eigenen Lebens einzulassen.

(7) Fähig zu sein, für und mit anderen leben zu können, Interesse für andere Menschen zu zeigen, sich auf verschiedene Formen familiärer und gesellschaftlicher Interaktion einzulassen.

---

13 Nussbaum (1993) S. 339.

(8) Fähig zu sein, in Anteilnahme für und in Beziehung zu Tieren, Pflanzen und zur Welt der Natur zu leben.

(9) Fähig zu sein, zu lachen, zu spielen und erholsame Tätigkeiten zu genießen.

(10) Fähig zu sein, das eigene Leben und nicht das von irgend jemand anderem zu leben.

(10a) Fähig zu sein, das eigene Leben in seiner eigenen Umwelt und in seinem eigenen Kontext zu leben.[14]

Diese Liste ist auf den ersten Blick beeindruckend. Dann aber regen sich Zweifel über ihre Begründbarkeit. Die Liste entspricht *unseren* westlich-liberalen und demokratischen Intuitionen, was sie uns sympathisch macht. Es fällt aber auf, dass die Wertschemata anderer Kulturkreise in vielen Punkten abweichen werden, insbesondere was den Wert (der Ausübungsmöglichkeit) von individueller Freiheit und Autonomie betrifft. Diese Werte werden insbesondere in den Bedingungen (4), (6) und (10) formuliert, und sie werden vielleicht von Vertretern kollektivistisch orientierter Überzeugungssysteme oder von religiösen Fundamentalisten angefochten werden. Oder aber, die Interpretation der konkreten Anwendung dieser Punkte wird derart unterschiedlich ausfallen, dass die Liste mit allem vereinbar und damit leer wird. Daher kann man Listen wie die zitierte als höchst begründungsbedürftig ansehen, ja man kann ihnen Kulturimperialismus oder Redundanz vorwerfen. Diese Fragen sind insbesondere relevant, wenn objektive Listen zur Bestimmung von universellen *Menschenrechten* benutzt werden, während eine wirkliche und nicht nur auf dem Papier stehende Einigung zwischen verschiedenen Kulturkreisen noch nicht absehbar ist.

Diese für die Menschenrechtsproblematik einschlägigen Schwierigkeiten brauchen uns an dieser Stelle jedoch nicht

14 Nussbaum (1993) S. 339 f.

zu interessieren. Im Hinblick auf den Kontext der Überforderungseinwände müssen wir uns nur mit den Punkten
(5), (7) und (9) der Liste befassen. Wenn nämlich die Ausübungsmöglichkeit der dort angesprochenen Fähigkeiten
allgemeine objektive Bedingung der Möglichkeit menschlichen Glücks ist, dann kann man behaupten: Die Überforderungseinwände weisen darauf hin, dass ein unparteilich und direkt maximierender Utilitarismus (vgl. das
Flugzeugbeispiel) dazu führt, diese Glücksbedingung regelmäßig zu verletzen. Es besteht nämlich ein Spannungs-
verhältnis zwischen einerseits einem anti-aristotelischen
und unparteilich maximierenden Utilitarismus und andererseits den gerade genannten Punkten der Liste. Z.B. verliert ein rund um die Uhr nutzenmaximierender Utilitarist
den Wert der in (9) formulierten Fähigkeit, Freizeit zu genießen.

Zuerst müssen wir aber nochmals einen Schritt zurück-
gehen. Wieso sollten gerade die Ausübungsmöglichkeiten
der genannten Punkte der Liste objektive Glücksbedingungen sein? Man kann für diese Punkte sicherlich keine
»transzendentalphilosophische« Begründung geben. Aber
sind sie nicht trotzdem sehr gut begründet? In fast allen
Kulturkreisen ist es unstrittig, dass die Ausübungsmöglichkeit[15] und auch die wirkliche Ausübung der Fähigkeiten, persönliche Beziehungen mit anderen Menschen ein-
zugehen und Freizeit genießen zu können, de facto zum
Glück des Menschen hinzugehört. Es ist auch nirgendwo
versucht worden, diese Dinge, z.B. von Seiten eines Staates, zu unterbinden. Ein politisches Regime, das dies versucht hätte, wäre sicherlich gestürzt worden – ein Indiz
für die Bedeutung der besonderen »partikulären Bindungen« für das individuelle Glück. Schon seit der Anti-

---

15 Nussbaum ist etwas zu vorsichtig, wenn sie nur vom Wert der *Möglich-*
keit der Ausübung solcher Beziehungen spricht. Der Wert der tatsächlichen
Ausübung ist wohl unbestritten.

ke werden ähnliche Glücksbedingungen aufgestellt. So schreibt Aristoteles: »Denn vollkommen glücklich kann man denjenigen nicht nennen, der [...] einsam und kinderlos [ist, B.G.] und vielleicht noch viel weniger denjenigen, der ganz übel geratene Kinder oder Freunde hat.«[16]

Man müsste Nussbaums Punkt dahingehend präzisieren, dass für das Glück eines Individuums das Glück derer, die ihm nahe stehen, unverzichtbar wichtig ist. Wenn die eigene Familie, die besten Freunde usw. todunglücklich sind, dann kann man sein eigenes Glück schwerlich realisieren. Dies ist die Begründung für die ganz besondere Relevanz der Beziehungen zu Nahestehenden, welche die *Symmetrie* zu Beziehungen mit anderen Lebewesen faktisch aufhebt, die ein Standpunkt völliger Unparteilichkeit dennoch gebieten will. Während Nussbaum ausführt, dass partikuläre Beziehungen ausbildbar sein müssen, besagt das letztgenannte Argument, dass sie zudem eine gewisse *Priorität* gegenüber beliebigen anderen Beziehungen genießen müssen, wenn ein Mensch glücklich werden können soll. Das könnte allerdings auch schon bei Nussbaum mitgedacht sein, denn »sich auf familiäre Bindungen einlassen können« beinhaltet in der Regel ein solches Prioritätsverhältnis.

Man kann die Punkte (5), (7) und (9) inklusive ihrer gerade ausgeführten Präzisierung als durch einen maximalen Konsens befestigt ansehen, der ihre *Faktizität* als Glücksbedingungen bestätigt. Lediglich die in (7) implizierte Forderung der Möglichkeit der aktiven Teilnahme am Gesellschaftsleben wird vielleicht von manchen Weltanschauungen, z.B. für Frauen, als unstatthaft empfunden. Allerdings ist für die spätere Anwendung dieser Überlegungen auf die Überforderungseinwände dieser Aspekt von (7) gerade nicht relevant.

---

16 Aristoteles, NE, 1099b. Vgl. auch zum Wert solcher persönlicher Beziehungen: Griffin (1986) S. 67 f.

Für den humanen Utilitarismus ist besonders wichtig: *Es steht jedem aufgeklärten Individuum frei, seine »objektiven« Glücksbedingungen aufzugeben.* Hierin liegt der Unterschied zu *paternalistischen Glückstheorien.* Der humane Utilitarismus geht von Fakten bezüglich des tatsächlichen Wünschens der Menschen aus und stellt keine normativen Gattungsideale oder dergleichen auf, nach denen sich Individuen, die derartige Präferenzen nicht haben, richten müssten. Objektive Glücksbedingungen ergeben sich daraus, dass bestimmte Güter und Fähigkeiten *mit überragender statistischer Häufigkeit* gewünscht werden und daher de facto, solange man keine von der statistischen Regel abweichenden Einzelfallinformationen hat, als Entscheidungsgrundlage dienen müssen. Der ethische Entscheider hat aus seiner drittpersönlichen Perspektive die sich aus statistisch häufiger Wertschätzung und anthropologischen Argumenten herleitenden objektiven Bedingungen solange einzuberechnen, wie der aufgeklärte Betroffene diese nicht aufgibt. *Objektive Glücksbedingungen sind nach Möglichkeit durch subjektive Präferenzangaben zu ergänzen und auch manchmal zu ersetzen.*

Unsere im ersten Kapitel ausgearbeitete Bestimmung von »Glück« kann nun verfeinert werden. Das Glück, das der Utilitarist maximieren sollte, besteht in Befriedigungszuständen von Individuen. Zum Zwecke einer effektiven Maximierung dieser Zustände sollte der Utilitarist in all den Fällen auf objektive Glücksbedingungen zurückgreifen, wo keine präziseren Informationen über die Wege, auf denen die betroffenen Individuen ihr Glück realisieren, zur Verfügung stehen.

3. Ein Utilitarismus, der alle glücklich machen will und damit alle ins Unglück stürzt

Welche Bedeutung hat die bisherige Argumentation für die Debatte um die Überforderungseinwände?

Der absolute Unparteilichkeit *gebietende*, direkt maximierende anti-aristotelische Utilitarismus ist eine Theorie, welche den moralischen Akteur x dazu zwingt, die eigenen Glücksbedingungen regelmäßig und nicht nur in einem Extremfall zu opfern. Zwar beinhaltet dieser Utilitarismus auch eine Berücksichtigung der Interessen von x, jedoch wiegen diese im Vergleich mit den Interessen, die bei wichtigen globalen Projekten auf dem Spiel stehen, nur vergleichsweise wenig, nämlich exakt ihrer *isolierten* neutral betrachteten Intensität gemäß. Das heißt, das elementar wichtige Lebensinteresse eines Kindes in Somalia würde den über den Lebenserhalt hinausgehenden Kleidungsinteressen der Kinder von x und dem (eine objektive Glücksbedingung von x konstituierenden) Interesse von x am Wohl seiner Kinder gegenüberstehen. Dann würden alle Interessen auf ihr Gewicht hin geprüft. Ergebnis einer solchen Prüfung im Rahmen des anti-aristotelischen Utilitarismus wird sein, dass das elementarere Interesse des somalischen Kindes das von x und das seiner Kinder bei derartigen Interessenkonstellationen *immer* überwiegt. Da aber fast niemand glücklich werden kann, wenn die, die ihm nahe stehen, nicht glücklich sind und weil – orientiert am Beispielfall – bestimmte kulturelle Kontexte es für Kinder vielleicht schwer machen, in »Lumpen« herumzulaufen (soziale Isolation ist wahrscheinlich), nimmt der anti-aristotelische Utilitarismus hier die Opferung einer Glücksbedingung in Kauf.

Ebenso könnte x sein Bedürfnis nach Freizeit ins Spiel bringen, das aber für den strikt und direkt maximierenden Utilitaristen immer von all den möglichen Lebensrettungen überwogen wird, die x in Afrika leisten könnte.

Eine Ethik wie der anti-aristotelische Utilitarismus, die dem Einzelnen *regelmäßig gebietet*, seine Glücksbedingungen aufzugeben, hat mehrere extreme Nachteile:

(1) *Intern* gerät diese utilitaristische Position in Schwierigkeiten, wenn sie dem Einzelnen regelmäßig, ja sogar permanent gebietet, die Bedingungen der Möglichkeit seines Glücks zu opfern. Bekanntlich schreibt eine utilitaristische Ethik vor, möglichst viel Glück für alle Betroffenen zu erzeugen. Wäre eine utilitaristische Ethik zugleich mit dem Gebot verbunden, dass *jedermann* seine Glücksbedingungen *fortwährend* zu opfern hätte, so wären die beiden Gebote zusammen genommen geradezu absurd, denn *niemand* wäre dann noch glücklich. Es gibt de facto einen durch objektive Glücksbedingungen skizzierten Weg, auf dem die meisten Menschen glücklich werden, und sich um diesen Weg nicht zu kümmern, verhindert, dass überhaupt Menschen glücklich werden. Dass der Utilitarismus Menschen glücklich machen soll, ist übrigens nur plausibel, wenn man die vernünftige Annahme macht, dass der Nutzen bis zur Erfüllung der objektiven Glücksbedingungen rapide zunimmt, danach aber kaum noch (was etwa durch das Prinzip vom abnehmenden Grenznutzen begründbar wäre). Demnach entsteht der meiste Nutzen, wenn man viele Menschen über diese Schwelle bringt und ihnen die besagten Glücksbedingungen verfügbar macht.

Jeder Akteur kann permanent etwas zur Verbesserung der Welt beitragen. Jeder Akteur sollte einen Großteil seiner (ehemals privaten) Zeit nach Maßstäben des anti-aristotelischen Utilitarismus »besser« den Belangen der Moralität opfern, denn er wird mit einiger Phantasie so fast immer höhere Nutzenwerte erzielen, als bei privater Zeitnutzung. Wenn wir alle rund um die Uhr moralische Akteure sein sollen, aber unsere Glücksbedingungen uns verbieten, auf diese Weise glücklich zu werden, dann hebt ein anti-aristotelischer Utilitarismus seinen eigenen Zweck auf. Die einzige Legitimation eines solchen Modells bestünde in dem völlig fiktiven Zustand, dass durch den anti-aristotelischen Utilitarismus ein *weltweites Nutzensummengleichgewicht* geschaffen würde. Das würde niemanden mehr zur Aufgabe seiner Nutzenquanten zwingen, da die Nutzengewinne einer Selbstopferung die Kosten derselben nicht mehr überwiegen würden. Allerdings setzt dies voraus, dass die moralischen Aufgaben endlich sind. Spontane Ungleichgewichte (etwa durch Naturkatastrophen, Krankheit usw.) sind aber selbst im Nahbereich eines Akteurs nie abwesend, so dass es doch sehr fragwürdig wäre, ob ein anti-aristotelischer Utilitarist selbst in einer fast idealen Welt je zur Ruhe käme. Mit etwas Phantasie könnte er immer noch Verbesserungen bewirken, nur dass – gegeben die beschriebenen objektiven Glücksbedingungen – die Akteure nicht durch das ständige Herbeiführen moralischer Verbesserungen glücklich werden. Zudem: Ein anti-aristotelischer Utilitarist müsste jederzeit *bereit sein*, seine Güter usw. abzugeben. So würde selbst im Zustand nahezu gleicher Nutzensummenniveaus eine *ständige Unsicherheit* über die Zukunft der eigenen Güter, Projekte usw. existieren, mit der Glück nur schwer zu erreichen wäre. Weiterhin könnte ein Utilitarist kaum *wissen*, ab wann und für wie lange der globale Idealzustand erreicht ist. Daher müsste er *ständig auf der Suche nach möglichen Verbesserungen* sein, und allein diese ständige Suche nach Möglichkeiten, Güter abzugeben, würde das Glück des Utilitaristen unterminieren. Er könnte sich einfach nicht um sich selbst kümmern, sondern müsste laufend nach Menschen oder Tieren suchen, die schlechter als er selbst gestellt sind, um ihren Nutzen steigern zu können, wenn er ihnen seine Güter übertragen würde. Ein anti-aristotelischer Utilitarismus der hier kritisierten Art wäre *nicht verallgemeinerbar*: *Als allgemeine gemeinsame Praxis ist dieser Utilitarismus suboptimal.* Wenn viele oder alle Akteure sich dem anti-aristotelischen Utilitarismus verschreiben würden, dann würden dessen Ziele gerade nicht erreicht.[17]

Könnte man aber nicht mit P. Singer argumentieren,[18] dass es jedem *persönlich* geboten sein muss, im kritisierten Sinne utilitaristisch zu handeln, während man dies nicht *öffentlich* fordern dürfe? Das würde darauf hinauslaufen, dass einige wenige »Wissende« die wirklichen Forderungen der Moral erkennen, während der breiten Masse nicht offenbart wird, wie radikal die Ansprüche der Moral eigentlich sind. So müssten wenigstens *einige*, wenn schon nicht *alle*, anti-aristotelisch agieren. Das würde nicht zu einer Selbstzerstörung des Utilitarismus führen, denn: Ist es nicht in Bezug auf negative Folgen für die Allgemeinheit gleichgültig, ob der einzelne anti-aristotelisch handelt oder nicht? Ist sein Handeln nicht ein zu vernachlässigender Kausalfaktor, der auf die allgemeine Praxis in der Gesellschaft im Normalfall kaum Auswirkungen hat, und deshalb keine kollektive Selbstzerstörung des Utilitarismus initiieren wird? Kann deshalb zwar allen Akteuren gemeinsam der anti-aristotelische Utilitarismus verboten sein, während er dem Einzelnen geboten ist? Singers Argumentation und ihre gerade vorgenommene Zuspitzung hätten aber merkwürdige Konsequenzen:

(a) Die Menge der die utilitaristischen Argumentationen durchschauenden und daher »wissenden« Individuen würde vor die Wahl gestellt, einer derart radikalen Moral wie dem anti-aristotelischen Utilitarismus zu folgen oder sich vom moralischen Standpunkt bzw. wenigstens vom Utilitarismus abzuwenden. Die meisten vor diese Wahl Gestellten würden diesen Utilitarismus wohl ablehnen. Das Singersche Konzept würde daher einige wenige radikale Moralisten hervorbringen, die weniger moralisch

---

17 Vgl. Parfit (1986, 1984) S. 27 f., der von indirekter kollektiver »self-defeatingness« spricht.
18 Singer (1981) S. 153 f. und Singer (1984) S. 246.

Gutes bewirken würden, als es ein größerer Kreis weniger radikaler und gleichwohl aufgeklärter Utilitaristen tun würde. Die Nutzensumme, die ein kleiner Kreis von Fanatikern realisiert, wäre geringer als die ohne eine »Geheimmoral« erzeugte, die zudem nie geheim bleiben könnte und daher früher oder später zu Turbulenzen führen würde.

Müsste der Einzelne sich aber nicht doch zum Selbstopfer verpflichtet *fühlen*? Was, wenn absehbar ist, dass es zu keiner allgemeinen Glücksminderung infolge einer *faktischen Kumulation* von moralischem Heroismus kommt, da eben viele andere »dem Helden« nicht auf diesem Weg folgen werden? Wäre dies nicht sogar wahrscheinlich, angesichts der allgemein geringen Neigung zu moralischem Heroismus? Natürlich ist dem Einzelnen das Selbstopfer prinzipiell *erlaubt*. Eine Moral, die dieses jedoch *gebietet*, wenn die faktischen Umstände so sind, dass eine Kumulation wahrscheinlich nicht erfolgen wird, wird an dieser Forderung scheitern. Denn eine solche Forderung beinhaltet nur wieder, die Selbstopferung für den Regelfall zu gebieten; denn die Unwahrscheinlichkeit einer Kumulation ist natürlich de facto im Regelfall gegeben. Mit dieser Forderung manövriert sich aber eben jede Ethik ins Abseits, sie wird nicht durchsetzbar sein. Letztlich bedeutet dies ein Absinken der Nutzensumme, die ohne derart radikale ethische Gebote realisierbar ist; denn radikale ethische Gebote führen eben nur zur Bildung kleiner Kreise von moralischen Fanatikern, die ihren Fanatismus aus anthropologischen Gründen langfristig nicht durchhalten werden und die sich dann eventuell sogar ganz von der Moral abwenden. Wir beziehen an dieser Stelle Reflexionen über die Folgen ethischer Gebote (»Ethikfolgenethik«[19]) ein. Die Ethik muss immer universelle Gebote für alle, die sich in den gleichen Um-

19 Birnbacher (1995) S. 237

ständen befinden, formulieren. Daher kann sie keine Pflichten für den Einzelnen generieren, die nicht wieder auf alle in ähnlichen Umständen zutreffen, wodurch das eventuelle Gebot einer Selbstaufopferung allgemeinen Charakter erhalten und daher zum Absinken der Nutzensumme führen würde. Eine Verpflichtung zum aktspezifischen punktuellen Maximieren kann daher nicht in einem Katalog utilitaristischer Forderungen enthalten sein. Ein Versuch, einen weitergehenden Heroismus in Form völliger Unparteilichkeit zu leben, ist – gegeben unsere Glücksbedingungen – fast immer zum Scheitern verurteilt, so dass nicht nur bestimmte radikale Forderungen, sondern auch je nach Perspektive heroische bzw. fanatische Lebenspläne skeptisch zu bewerten sind (s. u. die Argumente [2] und [3]).

(b) D. Parfit erkennt, dass Theorien wie der anti-aristotelische Utilitarismus einen *Geltungsdefekt* haben. Sie haben ein selbstzerstörerisches Element in sich, das die Konsistenz dieser Theorien in Frage stellt. Singer scheint nun diesen *Geltungsdefekt* partiell durch das, was Parfit die »Selbstauslöschung« einer Theorie nennt, beheben zu wollen. Eine Selbstauslöschung des Utilitarismus läge z.B. vor, wenn dieser allen Akteuren empfehlen würde, der »Common-Sense«-Moral zu folgen. Der Utilitarismus selbst könnte fordern, dass ihm kein Akteur *Glauben* schenken soll, so dass der Glauben an den Utilitarismus »ausgelöscht« würde. (Ausnahme: der Kreis »elitärer Wissender«.) Wie Parfit richtig ausführt, hebt eine solche Selbstauslöschung nicht automatisch die Geltung einer Theorie auf. Geltung und »Geglaubt-Werden« sind zwei verschiedene Eigenschaften einer Theorie, und eine gültige Theorie muss nicht darauf verpflichtet sein, dass sie geglaubt werden soll.[20] Allerdings kann auch anders herum eine partielle Selbstauslöschung nicht einen *Geltungsde-*

20 Parfit (1986, 1984) S. 43.

fekt wie den der indirekten kollektiven Selbstzerstörung beheben. Hier wäre eine Reparatur der Theorie auf der Geltungsseite erforderlich, die Singer nicht leistet. Die Selbstauslöschung kaschiert lediglich den Geltungsdefekt, sie behebt ihn nicht. Die Verpflichtung auf den anti-aristotelischen Utilitarismus wird bei Singer nicht nur *einigen* zugesprochen oder auf eine andere Weise eingeschränkt, sondern sie bleibt *für alle* auf der individuellen Ebene erhalten, nur dass sie glücklicherweise nicht von allen verstanden und befolgt wird. Der humane Utilitarismus begrenzt die Pflichten hingegen genuin.

Aus den bisher erörterten internen Problemen ist zu folgern: Man muss das strikte Maximierungsprinzip des anti-aristotelischen Utilitarismus in der utilitaristischen Ethik relativieren, und *dies aus utilitaristischen Gründen*. Der anti-aristotelische Utilitarismus hat als Theorie einen Geltungsdefekt (die Selbstzerstörung) und in der Praxis führt er zu einer Verringerung der Nutzensumme. Deshalb führt der humane Utilitarismus dazu, vielen partikulären Bindungen ein besonderes Gewicht einzuräumen, denn ohne sie ist das Ziel jedes Utilitarismus, die Maximierung des Glücks, nicht erreichbar. Eine direkte Maximierung des Glücks, die nur die direkt konfligierenden Interessen (Kind hier: sozial akzeptierte Kleidung – Kind Somalia: Hunger) beachtet, verfehlt ihren Zweck. Notwendig ist eine Maximierung, die auch die weitergehenden Folgen eines kurzfristig erzielbaren Nutzengewinns mitbedenkt und so die strukturelle Rationalität wahrt. Wenn dies erfolgt, erkennt man, dass man die allgemeine Forderung nach der regelmäßigen Opferung von objektiven Glücksbedingungen utilitaristisch nicht legitimieren kann. So kann in der scheinbar eindeutigen Alternative bezüglich der gerade beschriebenen Kinder eben nicht eindeutig zugunsten der Somalis entschieden werden. Punktuelle, direkte Nutzenmaximierung kann aus utilitaristischen Gründen keine allgemeine Pflicht für Akteure sein.

(2) Ein weiteres Argument gegen den anti-aristotelischen Utilitarismus, der Glücksbedingungen keinerlei Relevanz zuweist, lautet: Ein Utilitarist, der von den eigenen
anthropologisch zwingenden Ressourcen seines Glücks
»abgeschnitten« wird, ist gar nicht dazu in der Lage,
punktuell-utilitaristisch maximierend zu handeln.[21] Um
also überhaupt unparteiliches Engagement an den Tag le-
gen zu können, braucht man notwendig partikuläre Bindungen, aus denen man Kraft ziehen kann, um ein »*bur-
ned out*-Syndrom« zu vermeiden. Wenn man als perfekter
utilitaristischer Maximierer allein die Welt retten will,
wird man scheitern. Aller Erfahrung nach sind diejenigen leistungsfähiger, die in familiären Verhältnissen Befriedigung finden.[22] Allerdings kann man mit dieser Argumentation nur ein *Minimum* an partikulären Bindungen
rechtfertigen; denn es geht nur um die Bindungen, die
man unverzichtbarer Weise zum utilitaristischen Agieren
benötigt. Um glücklich zu werden, dürfte mehr erforderlich sein, und das kann man mit dieser Argumentation
nicht erfassen.

(3) Das dritte Argument ist im ersten bereits enthalten:
Ein zu viel fordernder Utilitarismus würde die *Schuldge-
fühle* der an ihm unausweichlich scheiternden Betroffenen
potenzieren, was Aktionen lähmen könnte und dem Wohl
der Individuen abträglich wäre.[23] Wenn sich Individuen
dauernd nur als an hochgesteckten moralischen Zielen
scheiternd erfahren, wird dies ihr Wohlergehen und ihre
moralische Handlungsfähigkeit mindern. Resignation
wird bei den meisten die Folge sein, da heldenhafte Selbst-
transzendenz nur den wenigsten möglich ist, die eine natürliche Veranlagung zu anderen als üblichen Glücksbedingungen haben (vielleicht Heilige). Die scheiternden

---

21 Smart (1973) S. 55 f.
22 Railton (1988) S. 111.
23 Schaber (1997) S. 343 f.

Akteure würden nur als abschreckendes Beispiel für einen fanatischen Utilitarismus wahrgenommen, denn dass ihre Aktionen »geheim« bleiben würden, ist in einer modernen Gesellschaft schlicht illusorisch. Dies wären ebenfalls wichtige Argumente gegen Singers These, dass jeder Akteur »heimlich« individuell dem anti-aristotelischen Utilitarismus verpflichtet bleiben soll. Die sich verpflichtet fühlenden »Wissenden« würden sich nur selbst frustrieren, solange ihre Glücksbedingungen nicht »übermenschlich« sind. Selbst der Versuch, absolute Unparteilichkeit zu leben, ist daher bedenklich, denn auch diejenigen, die es sich zutrauen, so zu leben, werden langfristig daran scheitern, da sie sich selbst überschätzen. Das hat schon H. Sidgwick bemerkt: Würde die volle Unparteilichkeit moralisch und/oder rechtlich geboten, so könnte sie doch von den Individuen (wegen ihrer zu starken natürlichen Neigungen) nicht weitreichend umgesetzt werden, gleichgültig, wie stark man moralische und rechtliche Sanktionen machen würde. Gewissensbisse und Strafen würden den geringfügigen Nutzen, den eine eben nur sehr beschränkt erzwingbare Umsetzung solcher utilitaristischer Gebote hätte, noch einmal mindern. Es wäre daher im utilitaristischen Sinne unzweckmäßig, die Pflichten zu weit auszudehnen.[24] Damit findet die Ethikfolgenethik bereits bei Sidgwick einen ihrer Vertreter.

(4) Auch das vierte Argument buchstabiert lediglich im ersten Argument enthaltene Aspekte in größerer Ausführlichkeit aus. Schreibt der Utilitarismus eine regelmäßige Opferung der Glücksbedingungen vor, so verliert er die Möglichkeit, sich die wichtigste Antwort auf die Frage nützlich zu machen: Warum überhaupt moralisch handeln? Diese Antwort geht – wie die Idee der objektivierbaren Glücksbedingungen – auf Platon und Aristoteles zurück. Sie lautet: *Moralisches Handeln ist erstrebenswert,*

---

24 Sidgwick (1981) Buch 4, Kap. 5, § 4.

weil es allein sichert, dass ein umfassendes individuelles Glück des Handelnden möglich ist.[25] Nur wenn man sich an moralischen Prinzipien orientiert, die auch einzelne das Glück des Individuums beeinträchtigende Folgen haben können, kann man sich selbst achten und die eigene Persönlichkeit akzeptieren.[26] Über dieses Argument und seine sicher nicht unbegrenzte Reichweite gibt es in der einschlägigen Literatur zahlreiche Debatten, die hier nicht thematisiert werden können.

Es ist allerdings wichtig festzustellen, dass man keine (vielleicht restringierte) Variante des Platonisch-Aristotelischen Arguments verwenden kann, wenn man die Ethik in eine generelle Opposition zum individuellen Glück setzt. Wenn ethische Prinzipien kein integrativer Bestandteil individueller Glücksorientierungen mehr sind, dann kann man sie nicht mehr durch ihre Funktion für die individuelle Glücksfindung rechtfertigen. Nun ist der Utilitarismus eine Theorie, die auch die Folgen bestimmter ethischer Forderungen unter Kosten- und Nutzenaspekten analysiert, denn es geht im Utilitarismus um den Nutzen »*all* things considered«.[27] Die Kosten eines Verlustes des gerade skizzierten Rechtfertigungsarguments für den moralischen Standpunkt wären bedeutsam. Klugheit und Moral würden dann vollständig auseinanderfallen, und viele Menschen würden sich für die Befolgung von Klugheitsgeboten und gegen die Forderungen der Moral entscheiden. Die breite Masse wird sich um eine Ethik nicht kümmern, die den Zusammenhang des individuellen Glücks und der Moral nicht veranschaulicht, und es ist gerade unter utilitaristischen Gesichtspunkten unsinnig, eine Ethik zu konzipieren, die nie befolgt werden wird.

---

25 Vgl. z. B. Politeia 354a: »Der Gerechte also ist glückselig und der Ungerechte elend.« Oder Politeia 465d ff.
26 Railton (1988) S. 125 ff. Vgl. dazu auch Tugendhat (1994, 1993).
27 In diesem Sinne vorbildlich: Birnbacher (1995) S. 237, der von einer »Ethikfolgenethik« spricht.

An einem Punkt wird dies besonders deutlich: Es darf dem Akteur aus utilitaristischen Gründen *selbst niemals* geboten sein, seine elementaren Glücksbedingungen (z.B. sein Leben) vollständig zu opfern! Die Begründung liegt in den Folgen eines solchen Gebots. Wenige Akteure würden diesem Gebot nachkommen, viele würden sich lieber vom moralischen Standpunkt abwenden, was zur Folge hätte, dass insgesamt weniger im utilitaristischen Sinne Gutes getan wird, als im Falle geringerer moralischer Forderungen. Zudem verurteilen unsere Intuitionen ein Gebot der Selbstopferung ebenfalls als »Zumutung«. Derart starke Intuitionen kann man nicht einfach übergehen, wenn man den Utilitarismus im Überlegungsgleichgewicht rechtfertigen will. Die Forderung, zwei Ertrinkende zu retten, wenn wir unser Leben dabei wahrscheinlich verlieren werden, wird in der Alltagsmoral nicht als moralisch verpflichtend anerkannt.

Damit haben wir einer inhumanen Spielart des Utilitarismus die Rehabilitation verweigert, aber zugleich eine tragfähige Alternative beschrieben. Es geht nicht um die Verteidigung eines fanatischen und engstirnigen Weltverbesserertums, sondern um eine Moraltheorie, die einen vernünftigen Ausgleich zwischen partikularen und universalen Forderungen herstellt.

4. Das Ideal des Utilitarismus

Wir haben utilitaristische Gründe gesammelt, weshalb man moralische Pflichten nicht so weit ausdehnen sollte, wie es der zu den Überforderungseinwänden führende anti-aristotelische Utilitarismus fordert. Damit haben wir Argumente einiger Partikularisten übernommen und sie gleichzeitig mit einer utilitaristischen Begründung versehen, die sonst von den Vertretern dieser Argumente kaum gesehen bzw. kaum angestrebt wird. In diesem Abschnitt will ich zeigen, dass das Unparteilichkeitspostulat als Ideal dennoch eine Berechtigung hat.

Der Utilitarismus ist von vornherein auf ein Ideal hin angelegt, er strebt nach einer Nutzenmaximierung, und der Idealzustand wäre ein solcher, in dem diese Maximierung vollständig erreicht und auch durch Präferenzverschiebungen nicht mehr zu steigern ist. Auf diesem Weg wäre ein Unparteilichkeitsideal ein entscheidender Schritt, wenn es bestimmten Bedingungen genügt: Wenn jeder Akteur seine Glücksbedingungen opfert, um strikt unparteilich zu handeln, ist dies aus utilitaristischen Gründen inakzeptabel, wie im letzten Abschnitt gezeigt wurde. *Folglich wäre absolute Unparteilichkeit nur dann ein utilitaristisches Ideal, wenn die faktischen Glücksbedingungen der Menschen auf folgende Art verändert wären: Man kann durch den moralischen Charakter der eigenen Handlungen so glücklich werden, dass man auf andere Glücksbedingungen verzichten kann.* (Oder schwächer formuliert: Man dürfte wenigstens nicht durch moralisch ideale Handlungen unglücklich werden.) Wären die Glücksbedingungen andere, so würde durch ein völlig unparteiliches Handeln die allgemeine Interessenbefriedigung maximiert. Sehr viele Handlungen würden zugunsten anderer verlaufen und dabei den Akteur *und* die Begünstigten maximal befriedigen. Genau deshalb wäre ein solcher Zustand, utilitaristisch betrachtet, der Idealzustand, denn bei unseren gegebenen Glücksbedingungen gibt es immer viele Handlungen, die *nur uns* befriedigen und andere unbeachtet lassen. Im Idealfall würden jedoch fast alle unsere Handlungen *uns und die anderen* befriedigen. Die Interessen fielen zusammen, die Gesamtbefriedigung wäre maximal. Manche Heilige waren vielleicht solche Menschen, die einfach selbst dadurch glücklich werden konnten, indem sie andere glücklich machten. Die Notwendigkeit der oben erwähnten gegenwärtigen Glücksbedingungen ist keine logische, sondern eine anthropologisch-empirische, weshalb diese faktische Notwendigkeit (bedingt) temporären und damit (bedingt) veränderlichen Charakters ist. Die Erzeugung idealerer Glücksbedingungen ist primär eine pädagogische Aufgabe.

Warum ein solches Ideal aufbauen? Aus der »Binnenlogik des Utilitarismus« ergibt es sich, dass man den Zustand mit maximaler Interessenbefriedigung anstreben soll, und dieser resultiert aus der Ausübung völlig unparteilicher Akte, auch wenn er erst nach einer grundlegenden *Präferenzverschiebung* erzielt würde. Gerade weil wir diesen Idealzustand nie erreichen werden, da derartig umfassende Präferenzveränderungen empirisch ausgeschlossen sind, macht es Sinn, ihn anzumahnen. Hier soll keineswegs gefordert werden, einen völlig neuen Menschen zu erzeugen. Es geht lediglich darum, einen theoretischen Gegenpol zur Praxis zu charakterisieren, der nicht vollständig verwirklicht werden kann, aber trotzdem vorhanden ist und wirksam wird, als Kontrastidee und Stachel zur fortwährenden Verbesserung. Damit ist eine utilitaristische Begründung der Einführung eines normativen Unparteilichkeitsideals geliefert, so dass bei veränderten Glücksbedingungen auch die Grenzen der moralischen Pflichten in Richtung des Unparteilichkeitsideals hin verschoben werden müssten, auch wenn aus empirischen Gründen kein Zustand zu erwarten ist, wo Pflicht und Ideal deckungsgleich werden.

Unsere moralische Praxis kennt den Antagonismus von Ideal und Praxis bzw. Gebot von jeher. Man kann die Forderung eines Unparteilichkeitsideals also nahtlos an die Praxis anschließen und der Praxis so einen *Impuls zur ständigen Verbesserung, zum moralischen Fortschritt* geben. Zudem deckt sich die normative Verwendung unseres Ideals mit den meisten traditionellen Moralforderungen, denn diese Verwendung mahnt letztlich genauso wie die traditionelle Moral *den besseren Menschen, den Menschen mit nahezu altruistischem Persönlichkeitsprofil* an. Dies ist immer eines der Ziele des Utilitarismus gewesen. Schon J. St. Mill verlangt, die menschliche Natur zu verbessern, was auch D. Birnbacher aufgreift und unterstützt.[28] Vielleicht ist diese Forderung die größte Auswirkung der christlichen Moral auf die Alltagsmoral und den Utilitarismus, obwohl die in der christlichen Agape-Lehre enthaltenen Ideen wahrscheinlich auch schon auf viel ältere Wurzeln zurückgreifen.

Der ideale moralische Standpunkt kann nur strikt unparteilich sein. Es wäre moralisch und d.h. im Sinne der maximalen Interessenbefriedigung optimal, wenn wir – gegeben altruistische Präferenzen – *jederzeit* moralisch handelten und *jeden perspektivenneutral* zum Objekt unserer guten Handlungen machen würden. Insofern ist das unparteiliche Ideal zwingend für die theoretische Ethik und *letztlich ein Ruf nach dem besseren Menschen mit anderen Präferenzen*. Einen Akteur, der dieses Ideal realisiert, würden wir aber nicht nur einen *guten Menschen* nennen, wir könnten in ihm *einen Heiligen, einen Märtyrer, einen Helden der Moral usw. sehen*. Gerade dies, heilig und heldenhaft zu sein, *fordern* Alltagsmoral und humaner Utilitarismus im Normalfall jedoch *nicht* von den Menschen. Sie fordern vielmehr in Sinne eines Gebots, dass die Menschen »gute Menschen« sind, und das bedeutet auch, dass sie gerade keine Heiligen sind und sein müssen. Eine vernünftige Ethik kann gleichzeitig zu zwei Dingen auffordern: erstens mahnt sie dazu, dem Ideal des moralischen Standpunkts so nah wie möglich zu kommen, z.B. durch pädagogische Bemühungen; zweitens gibt sie sich mit einem gewissen Maß erreichter Moralität weitgehend zufrieden. *Das heißt, sie verurteilt die nur relativ gute »moralische Handlungsbilanz« eines Akteurs nicht als moralisch schlecht oder verwerflich, weil sie noch nicht dem Ideal entspricht.* Eine *verbesserungswürdige* Hand-

28 Birnbacher (1988) S. 218.

lungsbilanz bzw. Handlung ist keine *schlechte* Bilanz oder Handlung. Eine solche wird sie erst, wenn sie einen gewissen Abstand zum Ideal überschreitet.

Es gibt in der Alltagsmoral und im Utilitarismus das moralische Ideal und gleichzeitig *keine Schuld* derer, die es nicht völlig erreichen. Mit diesem Ansatz hat man zwei Legitimationen vereint: (a) Der von den Überforderungseinwänden thematisierte, strikt unparteiliche Anspruch des Utilitarismus ist gerechtfertigt, wenn man ihn richtig und d. h. *als Ideal* interpretiert. (b) Die von solchen Ansprüchen abweichenden Akte sind nicht alle und per se moralisch verdammenswert, was unseren Intuitionen zuwiderlaufen würde. Gleichwohl bleibt aber ein Appell im Raum, den Nepotismus und die moralische Trägheit *zu minimieren, wobei gleichzeitig der Autonomie des Subjekts ein besonderer Status eingeräumt wird.*

Die Praxis wird also weder vollständig verurteilt noch völlig legitimiert. Wir halten uns intuitiv nicht für moralisch »schuldig«, wenn wir nicht aus jeder Situation eine moralische Entscheidungssituation machen. Allerdings wissen wir auch, dass wir unsere Moralität ständig verbessern sollten, denn auch unsere Glücksbedingungen sind ja nichts völlig unflexibel Vorgegebenes, sondern sie sind eher »Reaktionsnormen« in der Genetik vergleichbar und sind durchaus *bedingt* durch Übung und unseren Willen veränderbar. Wenngleich wir die Singersche Vision eines absolut unparteilichen Akteurs sicher nie erreichen werden, weshalb diese nicht geboten sein kann, so sind doch vielleicht kleine Schritte in diese Richtung realisierbar.

Um die Position des aristotelischen Utilitarismus anschaulicher zu machen, soll auf zwei oben gegebene Beispiele eingegangen werden. Unser ethischer Ansatz würde es als *ideal* einstufen, den oben erwähnten Chirurgen aus dem brennenden Flugzeug zu retten. Allerdings kann es angesichts aller faktischen Grenzen gerechtfertigt werden, das Kind zu retten. Niemand kann vom Akteur verlangen, dass er seine eigenen Bedingungen der Möglichkeit von Glück zerstört, niemand verlangt Unmögliches von ihm. Was die Kleidung der eigenen Kinder betrifft: Es wäre nach meinem Modell jedenfalls angebracht, sehr kritisch zu beurteilen, ob das eigene Kind wirklich so viel Kleidung braucht, wie es vielleicht dem sozialen Standard entspricht. Nicht jede Tochter braucht zwanzig Paar Schuhe. Gleichwohl könnten die Eltern es ethisch rechtfertigen, überhaupt sozial akzeptierte Kleidung oder Spielzeug anzuschaffen; denn sie könnten darauf verweisen, dass ihr Kind ohne Derartiges – gerade im sozialen Kontext unserer westlichen Alltagsnormalität – nicht glücklich werden könne, was auch das Glück der Eltern erheblich beeinträchtige. Der anti-aristotelische Utilitarist hingegen wird gebieten müssen, den Chirurgen zu retten und die Kleidung nicht anzuschaffen.

5. Wo endet unsere Pflicht?

Bislang reichte es für die Zwecke unserer Argumentation, festzustellen, *dass* es objektive Glücksbedingungen gibt und dass diese Tatsache es verbietet, *beliebig große* moralische Anforderungen an die Akteure zu stellen. Wir haben ein generelles Argumentationsmuster kennen gelernt, mit dem der humane Utilitarismus umgehen kann und muss. Viel schwieriger wird es, wenn gefragt wird, wie genau dieses Argumentationsmuster einzusetzen ist. Ab welcher Forderungshöhe kann man von einer Verletzung objektiver Glücksbedingungen sprechen? *Wieviel* unparteiliches Engagement ist moralisch geboten, *wieviel* Parteilichkeit erlaubt?

An einigen Punkten haben wir bereits Antworten gegeben. Ein obligates Selbstopfer eines Akteurs ist z.B. als Überforderung und Verletzung der Glücksbedingungen zu klassifizieren. *Allerdings hat man das Verlangen, eine allgemeine Demarkationslinie zwischen Parteilichkeit und Unparteilichkeit zu ziehen.* Lässt sich hier eine allgemeine Regel formulieren? Die Probleme bei einer solchen Regelung sind immens. Folgende Wege der Begründung wären denkbar:

(1) Man könnte vom dringlichsten moralischen *Ziel* der Beseitigung absoluter Armut und gravierender globaler Ungleichverteilung ausgehen. Man könnte fragen, wieviel jeder Einzelne »opfern« müsste, damit diese Probleme gelöst würden, ohne dass er völlig überfordert würde. P. Singer hat einen diesbezüglichen Vorschlag in seiner Auseinandersetzung mit dem Problem »Armut und Reichtum« entwickelt. Dabei kommt er zu dem Schluss, dass wenigstens eine Spendenrate von 10 % des jeweiligen »westlichen Normalverdiener-Einkommens« für die absolut Armen eingefordert werden sollte.[29] Eine solche *Spendenpflicht* ist m. E. ein sehr taugliches Instrument. Spenden an absolut Arme drücken immer ein *aktives* moralisches Engagement aus, und sie sind in der Regel auf Individuen bezogen, die nicht wegen partikulärer Bindungen gefördert werden. Das heißt, mit solchen Spenden nimmt man ein Stück genau der Lasten auf sich, welche die »Überforderungseinwände« kritisieren, ohne dass wirklich eine Überforderung vorliegt. Man müsste diese moralische Spendenpflicht wohl nach Einkommensschichten staffeln, jedoch scheinen mir 5–10 % für (westliche) »Normalverdiener« sehr angemessen.

Natürlich ist die unparteiliche Seite der Moral nicht mit einer Spende abgegolten, jedoch ein wesentlicher Teil könnte so bewerkstelligt werden, denn würde jeder diesem Gebot der Ethik folgen, so könnte die absolute Armut bald verschwinden. Allerdings müsste gewährleistet sein, dass solche Spenden auch ihr Ziel erreichen, was bei der gegenwärtigen Gesellschaftsstruktur vieler Entwick-

---

29 Singer (1984) S. 246.

lungsländer fraglich ist. Spenden allein helfen nicht, jedoch wäre die Bereitstellung der nötigen Finanzmittel ein entscheidender Schritt »nach vorn«.

Parallel zur Spendenpflicht könnte man eine »Engagementpflicht« zur moralischen Forderung machen. Diese könnte besagen, dass man einen bestimmten Prozentsatz seiner *Zeit und Energie* für nach unparteilichen Maßstäben besonders Bedürftige aufbringen sollte. Dazu könnte zählen, sich über »fernliegende Probleme« zu informieren, vielleicht zu demonstrieren, sich in Diskussionen für solche Belange einzusetzen, politisch aktiv zu werden usw. Durch die im Rahmen dieser Pflicht erbrachten Leistungen könnten vielleicht die politischen Strukturen in den Entwicklungsländern so verändert werden, dass die aus der Spendenpflicht resultierenden Spenden ihr Ziel erreichen. Wenn sich die Politik der Industrienationen durch das politische Engagement der Bürger verändert, wird sich auch die Politik der Entwicklungsländer ändern müssen. Das wäre z.B. der Fall, wenn undemokratische Regime nicht mehr z.B. aus militärstrategischen Gründen unterstützt würden usw. Auch bei der Engagementpflicht könnte man sagen, dass 5–10 % der eigenen Zeit geopfert werden sollten.

Diese Vorschläge halte ich für angemessen, *jedoch ist ihre Begründung lückenhaft*. Wir hatten im vorliegenden Begründungsansatz das vorrangige Ziel der Moral als die Beseitigung absoluter Armut formuliert und Bedingungen für seine Realisierung gesucht. Wenn man jedoch faktische Fragen nicht ausklammert, wird man sich dem Problem stellen müssen, wie man sich verhalten soll, falls einige oder viele Akteure sich nicht an die vorgeschlagene Spendenrate halten. Dies wird unweigerlich der Fall sein, und das moralische Hauptziel, dessen Definition sowieso erst einmal verteidigt werden müsste, wäre hinfällig. Sollten die verbleibenden »Spendenwilligen« dann dementsprechend höher belastet werden, um die Ausfälle zu kompensieren? Erneut stellt sich die Frage, wie hoch moralische Forderungen ansetzen dürfen, um nicht zu Überforderungen zu werden. Ist die vorgeschlagene 10 %-Marke nicht völlig willkürlich gesetzt, angesichts der Tatsache, dass die Realisierung des moralischen Hauptziels sie offenbar nicht rechtfertigt, wenn man empirische Randbedingungen beachtet?

(2) Man könnte versuchen, nicht vom Ziel, sondern vom Individuum her zu argumentieren. Wieviel darf man ihm abverlangen, ohne sein Glück zu zerstören? Hier sind die Schwierigkeiten jedoch groß. Ist es nicht sinnvoll, den gesamten Wohlstand von »westlichen Normalverdienern« als Luxus zu qualifizieren und ihren Lebensstandard auf das biologische Mindestmaß zurecht zu stutzen? Das könnte vielleicht einer Spendenrate von 70 % entsprechen. Oder muss man argumentieren, dass Glücksbedingungen auch kulturabhängig sind? Wenn »westliche Normalverdiener« ein bestimmtes Niveau als Normalität empfinden, kann ihnen das nicht einfach »gestrichen« werden, denn von einer solchen Normalität und der Erinnerung an sie kann sich niemand einfach lossagen. Das würde heißen, dass »westliche Normalverdiener« einfach mehr als ärmere Menschen benötigen, um glücklich zu werden. Würde dies aber nicht auf eine Festschreibung alter Ungerechtigkeiten hinauslaufen? Hier wäre viel zu debattieren, aber eine befriedigende allgemeinverbindliche Antwort liegt in weiter Ferne, da Bausteine dieser Argumentation sicher überzeugen, aber wenig zur Ziehung *allgemeiner* Grenzen beitragen, die ja nicht von der je individuellen Beschaffenheit der Glücksbedingungen abhängen können.

(3) Ein dritter Weg steht offen. Man könnte einfach nach der *faktischen Durchsetzbarkeit* ethischer Gebote fragen, da auch die Ethikfolgenethik zählt. Wie hoch dürfen Forderungen maximal sein, um auf Akzeptanz zu stoßen? Forderungen, die sich um solche Fragen nicht kümmern, wurden bereits als kontraproduktiv erwiesen. Hier

wären letztlich Psychologen und Sozialwissenschaftler gefordert, eine Art Akzeptanzforschung zu betreiben. Dabei ist jedoch zu beachten, dass Akzeptanz keine von vornherein festliegende Größe, sondern durch gute Argumentation, Werbung usw. veränderbar ist. Die maximale Akzeptanz bei bestmöglicher Überzeugungsarbeit wäre also gesucht. Diese Vorgehensweise erscheint mir als der brauchbarste Weg zum Ziel, und die Vorschläge Singers halte ich aus dieser Perspektive für diskutabel.

Eine 5–10 %-Klausel erscheint als ehrgeizige, aber nicht völlig absurde Forderung. Die 10 %-Marke ist zumindest in unserem Kulturkreis auch historisch verankert, wie man schon am traditionellen »Zehnten« sehen kann, an einer Regelung, die zehnprozentige Abgaben an die Kirche einforderte. Vielleicht verschaffen solche Traditionen Forderungen wie der Singerschen eine zusätzliche Akzeptanz. Auf derartigen Intuitionen basiert meine Auffassung, dass Singers Forderung – ergänzt um das Engagementmaß – das Vernünftigste ist, was zur Verfügung steht. Allerdings sind die Gründe für diese Meinung angreifbar. Bessere Gründe für eine andere Demarkationslinie sehe ich allerdings auch nicht. Eine befriedigende allgemeine Lösung des Problems des Umfangs der unparteilichen Pflichten ist daher kaum erreichbar. Allerdings ändern diese Schwierigkeiten nichts an der Tatsache, dass eine Beachtung objektiver Glücksbedingungen erfolgen muss und dass die prinzipielle Identifikation zumindest einiger Glücksbedingungen unstrittig ist (vgl. die oben aus Nussbaums Liste abgesonderten Punkte). Man kann daher einen Rekurs auf sie als legitime moralische Argumentation ausweisen. Der Umfang, in dem dieser Rekurs legitim ist, bleibt allerdings weitgehend offen. Es ist ein Strukturmerkmal moralphilosophischer Diskussionen, dass man häufig einige Argumentationsmodelle und Rechtfertigungsinstanzen herausarbeiten, jedoch die Gewichtung dieser Faktoren nicht hierarchisieren und präzisieren kann. Aristoteles ist hier Recht zu geben, wenn er sagt, dass in der praktischen Philosophie nicht alle Fragen mit mathematischer Präzision zu beantworten sind.[30]

Die Spenden- und Engagementpflicht erschöpft die unparteilichen moralischen Verpflichtungen nicht vollständig. Wenn jemand an einem See vorbeigeht und einen Unbekannten ertrinken sieht, den er leicht retten könnte, wird man ihn kaum entschuldigen können, wenn er argumentiert, er habe bereits 10 % seiner Zeit unparteilich aufgewendet und habe deshalb keine Pflicht, ins Wasser zu springen. Das Wissen um einen Notfall, die räumliche Nähe, die Abwesenheit anderer potentieller Retter u.ä. Faktoren können zusätzliche unparteiliche Pflichten generieren. Solche Zusatzpflichten können jedoch nur in *Ausnahmefällen* entstehen. Wenn unser Spaziergänger in einer Stadt wohnen würde, in der täglich sehr viele Personen in den schlecht abgesicherten See fallen, wird man dem Spaziergänger keine Pflicht auferlegen wollen, rund um die Uhr den Rettungsschwimmer am See zu spielen. Hier dürfte sich der Spaziergänger legitim hinter der 10 %-Klausel verschanzen.

Trotz dieser Defizite bei der Begründung halte ich die Spenden- und die Engagementpflicht für unabdingbare Einbrüche unparteilicher Forderungen in die persönliche Lebensführung, denn eine »moral division of labour« zwischen Staat und Bürgern, wie sie T. Nagel fordert,[31] funktioniert offenbar nicht hinreichend. Hinzu kommt, dass wir unsere moralischen Anstrengungen vervielfachen müssen, wenn unsere Welt mittelfristig in ökologischer Hinsicht überleben können soll. Mein Vorschlag könnte folgende Anforderungen an eine vernünftige Ethik im »Überlegungsgleichgewicht« erfüllen:

---

30 Aristoteles, NE, 1094b.
31 Nagel (1991) S. 53 f.

- Das Modell ist ein Ausbau weitgehend geteilter Intuitionen. Viele Menschen empfinden unsere Welt als ungerecht und verbesserungswürdig. Viele haben »moral sentiments«, die sie mit den Opfern unserer Lebens- und Wirtschaftsweise mitfühlen lassen. Auf diese Fundamente bauen meine Überlegungen auf.
- Die konkreten Intuitionen der Mehrheit werden nicht unkritisch übernommen, sondern sie werden ausgeweitet, denn es spendet de facto bei weitem nicht jeder 5–10 % an Zeit und Geld.
- Diese Ausweitung erfolgt jedoch nicht grenzenlos, sondern sie beachtet Überforderungen und versucht, den Verbund zu moralischen Basisintuitionen zu wahren, indem sie diese nicht derartig steigert, dass der Einzelne sich nicht mehr mit ihnen identifizieren kann. Mit 90 % egozentrischer Verfügungsgewalt über eigene Zeit und eigenes Geld lässt sich der Wert der Autonomie wohl trefflich umsetzen.

6. Zusammenfassung

Wir haben eine aristotelische Variante des Utilitarismus vorgestellt, die von objektiven Glücksbedingungen und ihrer Schutzwürdigkeit ausgeht und so den anti-aristotelischen und strikt unparteilichen Utilitarismus in seine Schranken weist, der zu berechtigten Überforderungseinwänden führt. Objektive Glücksbedingungen wurden dabei nicht als von Interessen der Individuen unabhängige objektive Werte verstanden, die man paternalistisch gegen die Interessen der Individuen ausspielen kann. Vielmehr ergeben sich objektive Glücksbedingungen aus den empirisch häufigsten aufgeklärten Wünschen der Subjekte. Fast alle Menschen wünschen beispielsweise ein Leben, in dem die materielle Grundversorgung gewährleistet ist und in dem man ungestört familiäre Kontakte pflegen kann. Derart häufig vorgebrachte Wünsche müssen im Utilitarismus beachtet werden, sofern sie Indizien späterer Befriedigung sind. Auf ihrer Basis ist zu entscheiden, wenn man keine abweichenden Informationen in Einzelfällen besitzt. Es konnten Argumente dafür vorgebracht werden, dass ein anti-aristotelischer Utilitarismus, der keine objektiven Glücksbedingungen kennt, dem eigenen Ziel der Glücksmaximierung nicht genügt. Daher führt er zu berechtigten Überforderungseinwänden der folgenden Art: Wenn wir rund um die Uhr nach einer Verbesserung der Nutzenverteilung – auf Kosten derer, die uns »near and dear« sind – suchen müssen und dabei all unsere Güter ständig zur Disposition stehen, können wir nicht glücklich werden. *Ein Utilitarismus, der das Glück maximieren will, aber dazu einen Weg beschreitet, auf dem de facto niemand glücklich wird, ist absurd.*

Das ist ein sehr starkes Argument dafür, nach anderen Wegen zu suchen und die faktischen Glücksbedingungen der allermeisten Menschen mitzubeachten. Ein solcher Weg wurde skizziert, wobei eine Unterscheidung von utilitaristischer Pflicht und utilitaristischem Ideal aus utilitaristischen Überlegungen abgeleitet wurde. Das Ideal bleibt strikt unparteilich, weil es – gegeben eine radikale Präferenzverschiebung – einen Zustand charakterisiert, in dem eine maximale Interessenbefriedigung vorliegt. Die Pflicht muss hingegen an unseren kontingenten Fähigkeiten und Glücksbedingungen orientiert sein, wenn der Utilitarismus ein menschliches Gesicht zeigen und nicht zur fanatischen Ideologie verkommen soll. Gefordert ist nur eine Unparteilichkeit, die den Menschen bei Wahrung ihrer Glücksbedingungen möglich ist. Mit dieser Unterscheidung von Ideal und Pflicht fügt sich der Utilitarismus in ein breites Überlegungsgleichgewicht ein, denn eine solche Unterscheidung deckt sich mit zahlreichen weit verbreiteten Intuitionen. Diese kennen sowohl die Begrenzung von Moral und die Unterscheidung von moralisch

guten und moralisch heldenhaften Taten, wie auc,
ständigen Appell zur moralischen Vervollkommnun,
letztlich in der Zielvision eines Menschen mit ausgeprägt
altruistischem Persönlichkeitsprofil mündet.

7. Humaner Utilitarismus:
Das Fundament einer Zukunftsethik?

Es ist hier versucht worden, einen humanen Utilitarismus
zu entwickeln, der die Probleme bisheriger Spielarten des
Utilitarismus umgeht. Diesen Spielarten wurde zu Recht
vorgeworfen, Intuitionen der »Common-Sense«-Moral
regelmäßig radikal zu brüskieren. In den meisten Fällen
wurde eine derartige Konsequenz von den führenden Utilitaristen nicht wirklich ernst genommen. Der Grund dafür: Sie befürworten Rechtfertigungsmodelle für ihre
Theorie, in denen es auf Alltagsintuitionen und eine Übereinstimmung mit ihnen überhaupt nicht ankommt. Im
Gegenteil, Intuitionen wurden als Vorurteile ohne Recht-
fertigungsrelevanz zurückgewiesen, so z.B. von R. Hare
und R. Brandt. Diese Vorgehensweise halte ich für verfehlt. Die scheinbar ohne moralische Intuitionen aufge-
bauten Methoden dieser Autoren scheitern,[32] weshalb ein
humaner Utilitarismus einen Platz für seine Theorie im
Überlegungsgleichgewicht suchen muss, in dem Theorien
und Intuitionen in Übereinstimmung gebracht werden.

Folglich muss der humane Utilitarist sich ernsthaft mit
den Alltagsmeinungen über Gerechtigkeit, Minderheitenschutz, Menschenrechte und Überforderungen der Akteure auseinandersetzen. Er muss zwar keinesfalls eine voll-
kommene Übereinstimmung mit den Alltagsmeinungen
erzielen, denn die theoretische Ethik soll – auch vielen
Alltagsmeinungen zufolge – einen innovativen Stachel ge-

---

32 Vgl. Gesang (2000a).

genüber dem Altbekannten bewahren. Aber Ethik kann nicht so funktionieren, dass aus einer Theorie ein moralisches Postulat deduziert wird, und alle Menschen empfinden dieses Postulat als absurd. Ein Ausgleich zwischen Theorie und Intuition ist gefordert. Den darum bemühten humanen Utilitarismus kann man durch folgende fünf Charakteristika definieren:

- Ausrichtung am Glücksbegriff der Befriedigungstheorie. Daher werden nur Präferenzen berücksichtigt, die zu Befriedigungserlebnissen führen. (Kap. 1)
- Berücksichtigung aller derartigen intern rationalen Präferenzen, inklusive externer Präferenzen. (Kap. 2)
- Aristotelische Weiterentwicklung der Befriedigungtheorie (Einbezug objektiver Glücksbedingungen). (Kap. 3)
- Konsequenz: Einschränkung des Unparteilichkeitspostulats. Versuch der Präferenzverschiebung, ausgerichtet auf das utilitaristische Ideal. (Kap. 2/3)
- Nutzenabwägung »all things considered«. Strukturelle Rationalität anstelle punktuellen Optimierens. (Kap. 2)

Ich glaube nicht, mit diesem Modell alle Probleme gelöst zu haben. Vielmehr habe ich selbst auf verbleibende Schwachpunkte hingewiesen (Kap. 2.6). Keine Ethik überzeugt vollständig. Aber der humane Utilitarismus ist ein ernstzunehmender Kandidat, der nach meiner Meinung immer noch besser dasteht als seine Konkurrenten. Unsere Weltsituation ist durch dramatische Probleme gekennzeichnet. Eine fatale Dynamik aus exponentiellem Wachstum von Bevölkerung, Industrieproduktion und Umweltzerstörung stellt die Zukunftsfähigkeit der Menschheit in diesem gerade begonnenen Jahrhundert in Frage. Diese Herausforderung verlangt nach einer ethischen Antwort. Sich hinter nationale, partikularistische und durch vermeintliche Differenzen von Tun und Unterlassen gekennzeichnete Schutzwälle zurückzuziehen, ist definitiv die falsche Antwort.

Schon H. Jonas hat klargemacht, dass die Ethik im technologischen Zeitalter neue Aufgaben wahrnehmen muss. Sie kann sich nicht mehr nur um die moralische Qualität von Handlungen in der Gegenwart kümmern, sondern muss essentiell einen Platz für die Abschätzung ferner zukünftiger Folgen bereitstellen:

> Statt müßigen Erratens später Folgen im unbekannten Schicksal konzentrierte sich die Ethik [bislang, B.G.] auf die sittliche Qualität des augenblicklichen Aktes selber, in dem das Recht des mitlebenden Nächsten zu achten ist. Im Zeichen der Technologie aber hat es die Ethik mit Handlungen zu tun [...], die eine beispiellose kausale Reichweite in die Zukunft haben. [...] Dazu die schiere Größenordnung der Fernwirkungen und oft auch ihre Unumkehrbarkeit. All dies rückt Verantwortung ins Zentrum der Ethik, und zwar mit Zeit- und Raumhorizonten, die denen der Taten entsprechen.[33]

Jonas stellt den gängigen christlich-deontologischen Ethiken und den Tugendethiken hier ein schlechtes Zeugnis aus.[34] Eine konsequentialistische Ethik, die sich struktureller Rationalität verpflichtet weiß und die verschiedene Generationen prinzipiell gleichberechtigt, erfüllt die Anforderungen einer Zukunftsethik hingegen in hohem Maße. Ein humaner Utilitarismus versucht, den schwierigen Kompromiss zwischen Partikularismus und Unparteilichkeit zu finden. Er ist das geeignete Instrument, um globale Gerechtigkeit einzufordern und die Rechte zukünftiger Generationen auf die Tagesordnung zu bringen. Daher ermöglicht der humane Utilitarismus eine Weichenstellung in Richtung Zukunftsfähigkeit.

---

33 Jonas (1985, 1979) S. 8 f.
34 Jonas (1985, 1979) S. 22 ff.

Literaturhinweise

Aristoteles: Die Nikomachische Ethik. Hrsg. und übers. von O. Gigon. 2., überarb. Aufl. München 1972. ⁶1986.

Baier, K.: The Moral Point of View. Ithaca (N.Y.) 1958.

Bentham, J.: An Introduction to the Principles of Moral and Legislation (1789). Hrsg. von J. H. Burns und H. L. A. Hart. Oxford 1970.

Birnbacher, D.: Verantwortung für zukünftige Generationen. Stuttgart 1988.

– Tun und Unterlassen. Stuttgart 1995.

– / Hoerster, N. (Hrsg.): Texte zur Ethik. München 1976. ¹⁰1997.

– / Nida-Rümelin, J.: Ist es aus konsequentialistischer Sicht wünschenswert, dass die Gesellschaft aus Konsequentialisten besteht? In: Information Philosophie 3 (1997) S. 102–111.

Brandt, R.B.: A Theory Of The Right And The Good. Oxford 1979.

Brumlik, M. / Brunkhorst, H. (Hrsg.): Gemeinschaft und Gerechtigkeit. Frankfurt a.M. 1993.

Bubner, R.: Geschichtsprozesse und Handlungsnormen. Frankfurt a.M. 1984.

Copp, D.: Reason and needs. In: R. G. Frey / C.W. Morris (1993) S. 112–137.

Dancy, J.: Moral Reasons. Oxford 1993.

Dworkin, R.: Bürgerrechte ernstgenommen. Frankfurt a.M. 1984.

– A Matter of Principle. Cambridge (Mass.) 1985.

Faden, R.R. / Beauchamp, T.L.: A History and Theory of Informed Consent. Oxford 1986.

Fehige, C.: Rawls und Präferenzen. In: W. Hinsch (1997) S. 304–377.

– Instrumentalism. In: E. Millgram (2001) S. 49–76.

– / Meggle, G. (Hrsg.): Zum moralischen Denken. 2 Bde. Frankfurt a.M. 1995.

– / Wessels, U. (Hrsg.): Preferences. Berlin / New York 1998.

– / – Preferences – an Introduction. In: C. Fehige / U. Wessels (1998) S. XX–XLIII.

Fotion, N. / Seanor, D. (Hrsg.): Hare and Critics. Oxford 1988.

Frey, R.G. / Morris, C.W. (Hrsg.): Value, Welfare and Morality. Cambridge 1993.

Gähde, U.: Zum Wandel des Nutzenbegriffs im klassischen Utilitarismus. In: U. Gähde / W. H. Schrader (1992) S. 83–110.

– / Schrader W. H. (Hrsg.): Der klassische Utilitarismus. Berlin 1992.

Gesang, B. (Hrsg.): Gerechtigkeitsutilitarismus. Paderborn [u.a.] 1998.

– Kritik des Partikularismus. Paderborn 2000. [Zit. als: Gesang 2000a.]

– Aktien oder Apokalypse? Wege aus der globalen Ökokrise, Paderborn 2000. [Zit. als: 2000b.]

– Der Nutzenbegriff des Utilitarismus. In: Erkenntnis 52 (2000) S. 373–401. [Zit. als: 2000c.]

– Sind Ethiker Moralexperten? Überlegungen zu einer kritisch-rationalen Theorie des Überlegungsgleichgewichts. In: B. Gesang (2002) S. 115–134.

– (Hrsg.): Biomedizinische Ethik. Aufgaben, Methoden, Selbstverständnis. Paderborn 2002.

Gewirth, A.: Reason And Morality. Chicago/London 1978.

– Human Rights. Chicago 1982.

– Ethical Universalism And Particularism. In: The Journal of Philosophy 85 (1988) Nr. 6, S. 283–302.

Griffin, J.: Well-being. Oxford 1986.

Guckes, B.: Das Argument der schiefen Ebene. Stuttgart 1997.

Hahn, S.: Überlegungsgleichgewicht(e). Freiburg/München 2000.

Hare, R. M.: Comments. In: N. Fotion / D. Seanor (1988) S. 199–293.

– Moralisches Denken. Frankfurt a. M. 1992.

Harsanyi, J.: Morality and the theory of rational behaviour. In: A. Sen / B. Williams (1982, 1996) S 39–62.

– Problems with Act-Utilitarianism and with Malevolent Preferences. In: N. Fotion / D. Seanor (1988) S. 89–100.

Hart, H. L. A.: Between Utility and Rights. In: Columbia Law Review 79 (1979) S. 828–846.

Hinsch, W.: Kausaltheorien des Guten. In: C. Hubig / H. Poser (1996) Bd. 1, S. 148–155.

– (Hrsg.): Zur Idee des politischen Liberalismus. John Rawls in der Diskussion. Frankfurt a. M. 1997.

Hoerster, N. (Hrsg.): Arbeitstexte für den Unterricht Religionskritik. Stuttgart 1984.

Höffe, O. (Hrsg.): Einführung in die utilitaristische Ethik. München 1975.

– Einleitung. In: O. Höffe (1975).

– Sittlich-politische Diskurse. Philosophische Grundlagen. Politische Ethik. Biomedizinische Ethik. Frankfurt a.M. 1981.

Hubig, C. / Poser, H. (Hrsg.): Cognitio humana – Dynamik des Wissens und der Werte. 2 Bde. Leipzig 1996.

Hume, D.: Untersuchung über die Prinzipien der Moral. Übers. von C. Winckler. Hamburg 1929. Unveränd. Nachdr. 1955.

Jackson, F.: Decision-theoretic Consequentialism and the Nearest and Dearest Objection. In: P. Pettit (1993) S. 305–326.

Jonas, H.: Das Prinzip Verantwortung. Frankfurt a.M. 1979. ⁴1985.

Köhler, W. R.: Zur Geschichte und Struktur der utilitaristischen Ethik. Frankfurt a.M. 1979.

Kusser, A.: Welchen Nutzen maximiert der Utilitarist? Das Argument der Präferenzveränderung und sein Hintergrund. In: C. Fehige / G. Meggle (1995) Bd. 2, S. 113–138.

Leist, A. (Hrsg.): Um Leben und Tod. Moralische Probleme bei Abtreibung, künstlicher Befruchtung, Euthanasie und Selbstmord. Frankfurt a.M. 1990.

Mackie, J.L.: Ethik. Stuttgart 1981 [u.ö.].

Mill, J.St.: Der Utilitarismus. Stuttgart 1976 [u.ö.].

Millgram, E. (Hrsg.): Varieties of Practical Reasoning. Cambridge (Mass.) 2001.

Nagel, T.: Equality and Partiality. Oxford 1991.

Ng, Y.K.: Welfare Economics. London/Basingstoke 1979.

Nida-Rümelin, J.: Kritik des Konsequentialismus. München 1993.

Nozick, R.: Anarchy, State and Utopia. Oxford 1974.

Nussbaum, M.: Menschliches Tun und soziale Gerechtigkeit. In: M. Brumlik / H. Brunkhorst (1993) S. 323–361.

O'Connor, P.M.: External Preferences and Liberal Equality. In: Utilitas 6,1 (1994) S. 116–133.

Parfit, D.: Reasons and Persons. Oxford 1984. ²1986.

Perry, R.B.: General Theory of Value. Cambridge (Mass.) 1926. ²1967.

Pettit, P. (Hrsg.): Consequentialism. Aldershot / Hong Kong / [u.a.] 1993.

Platon: Sämtliche Werke. Übers. von F. Schleiermacher. Hrsg. von W.F. Otto. Hamburg 1957. 1985.

Pollard, S.: Der klassische Utilitarismus. Einflüsse, Entwicklungen, Folgen. In: U. Gähde / W.H. Schrader (1992) S. 10–33.

Quinton, A.: Utilitarian Ethics. London 1973.

Railton, P.: Alienation, Consequentialism, Morality. In: S. Scheffler (1988) S. 93–133.

Rawls, J.: Eine Theorie der Gerechtigkeit. Frankfurt a.M. 1979. [7]1993.

Rescher, N.: Distributive Justice. Indianapolis [u.a.] 1966.

Russell, B.: Eigeninteresse und allgemeines Wohl. In: D. Birnbacher / N. Hoerster (1976, 1997) S. 189–197.

– Was der freie Mensch verehrt. In: N. Hoerster (1984) S. 140–146.

Schaber, P.: Moralischer Realismus. Freiburg i.Br. / München 1997.

Scheffler, S. (Hrsg.): Consequentialism and its Critics. Oxford 1988.

Schoch, D.: Verdienstberücksichtigung und das Prinzip der Verhältnismäßigkeit der Mittel. In: B. Gesang (1998) S. 39–66.

Sen, A. / Williams, B. (Hrsg.): Utilitarianism and Beyond. Cambridge 1982. [2]1996.

Sidgwick, H.: Methods of Ethics. Indianapolis/Cambridge 1981.

Singer, P.: The Expanding Circle. Ethics and Sociobiology. Oxford 1981.

– Praktische Ethik. Stuttgart 1984.

– Is Act-Utilitarianism Self-Defeating? In: P. Pettit (1993) S. 207–218.

– / Kuhlmann, H.: Hartmut Kuhlmann im Gespräch mit Peter Singer. Die alte Ethik bröckelt. In: Universitas 53 (1998) Nr. 625, S. 665–680.

Smart, J.J.C.: An Outline of a System of Utilitarian Ethics. In: J.J.C. Smart / B. Williams (1973) S. 3–76.

– / Williams, B.: Utilitarianism, For and Against. Cambridge 1973.

Stemmer, P.: Der Grundriss der Platonischen Ethik. In: Zeitschrift für philosophische Forschung 42 (1988) S. 529–569.

Sumner, W.L.: Welfare, Preference, and Rationality. In: R.G. Frey / C.W. Morris (1993). S. 74–94.

– Welfare, Happiness, and Ethics. Oxford 1996.

Tooley, M.: Abtreibung und Kindstötung. In: A. Leist (1990) S. 157–195.

Trapp, R.W.: ›Nicht-klassischer‹ Utilitarismus. Frankfurt a.M. 1988.

– Die ideengeschichtliche und theoretische Entwicklung der Wertbasis des klassischen Utilitarismus. In: U. Gähde / W.H. Schrader (1992) S. 172–265.

Tugendhat, E.: Vorlesungen über Ethik. Frankfurt a.M. 1993. [2]1994.

Personenregister

Zum Autor

BERNWARD GESANG, Jahrgang 1968, studierte Philosophie an den Universitäten Bonn und Münster. 1994 promovierte er an der Uni Münster mit der Arbeit *Wahrheitskriterien im Kritischen Rationalismus.* Im Jahr 2000 habilitierte er sich an der Uni Düsseldorf mit der Arbeit *Kritik des Partikularismus.* Gesang ist Privatdozent in Düsseldorf und Heisenberg-Stipendiat der DFG. Lehraufträge an den Universitäten Zürich und Konstanz. Seine Forschungsgebiete sind die praktische Philosophie, insbesondere die Begründung des Utilitarismus und seine Anwendung auf verschiedene Felder der angewandten Ethik, darunter Medizinethik, Wirtschaftsethik, Technikethik u. a. Zudem befasst er sich mit Wissenschaftstheorie und Religionsphilosophie.

Veröffentlichungen: *Wahrheitskriterien im Kritischen Rationalismus* (1995), *Angeklagt: Gott* (1997), *Kritik des Partikularismus* (2000), *Aktien oder Apokalypse? Wege aus der globalen Ökokrise* (2000).

Einleitung

- wann Uraufführung

- Rolle von dem Sensationen
  Lebensläufe von und der

- Ableitung zu der d wichtigsten
  Themen in sich schon
  Unterspannung Folgen

- Themenstellung